일제강점기 글쓰기론 자료 3

(李覺鍾 編著)
실용작문법(實用作文法)

엮은이 **김경남**

건국대학교를 졸업하고 동 대학원에서 문학박사학위를 받았다. 현재 대학에서 글쓰기 강의를 하고 있으며, 글쓰기 이론에 관심이 많다.

「일제강점기의 작문론과 기행문 쓰기의 발달 과정」, 「1910년대 기행 담론과 기행문의 성격」, 「근대적 기행 담론 형성과 기행문 연구」 등 다수의 논문을 통해 글쓰기 이론의 체계화를 모색하고 있으며, 아울러 근대(近代)와 기행 담론의 천착에 몰두하고 있는 중이다.

일제강점기 글쓰기론 자료 3

(李覺鍾 編著) 실용작문법

ⓒ 김경남, 2015

1판 1쇄 인쇄_2015년 11월 20일
1판 1쇄 발행_2015년 11월 30일

엮은이_김경남
펴낸이_양정섭
펴낸곳_도서출판 경진
　　　등록_제2010-000004호
　　　블로그_http://kyungjinmunhwa.tistory.com
　　　이메일_mykorea01@naver.com

공급처_(주)글로벌콘텐츠출판그룹
　　　대표_홍정표
　　　편집_송은주　디자인_김미미　기획·마케팅_노경민　경영지원_안선영
　　　주소_서울특별시 강동구 천중로 196 정일빌딩 401호
　　　전화_02-488-3280　팩스_02-488-3281
　　　홈페이지_http://www.gcbook.co.kr

값 20,000원
ISBN 978-89-5996-489-5 93710

일제강점기 글쓰기론 자료 **3**

(李覺鍾 編著) 실용작문법

김경남 엮음

경진출판

이각종(李覺鍾)의 『실용작문법』(1911, 唯一書館)

근대식 학제 도입 이후 소학교에는 '독서, 작문, 습자'라는 교과를
두었으나, 이 시기 교과 운영은 각 교과의 요지 및 교과서가 뚜렷이
구분되지 않았다. 작문 교과서의 출현은 1908년 최재학이 저술한 『문
장지남(文章指南)』이 처음으로 보이며, 국문 작문법은 1909년 최재학
의 『실지응용작문법(實地應用作文法)』이 처음으로 보인다. 그런데 최재
학의 작문법은 전통적인 기승포결(起, 承, 鋪, 結)의 방법을 중심으로
한 수사적 기법을 소개하는 데 그친 경우가 많았다. 이에 비해 이각종
(1911)의 『실용작문법』(유일서관)은 수사법을 비롯하여 문장 구성 방식
에 이르기까지 체계적인 작문법을 제시하여 작문 교육사에서 꼭 살펴
보아야 할 책이다.

이각종은 1888년 경상북도 대구에서 출생하였으며, 1904년 관립
한성고등보통학교, 1908년 보성전문학교 법률과를 졸업하고, 일본
와세다 대학 문학과에 교외생으로 입학하였다. 1911년부터 1917년
조선총독부 학무과의 속(屬)으로 근무하였으며, 경기도 김포 군수를
역임하고, 1937년 황국신민의 서사를 지을 정도로 친일 활동을 하기
도 하였다.

그러나 그의 초기 생애는 계몽운동가로서의 모습을 보이기도 하는데, 『농방신편(農方新編)』, 『형법대전(刑法大典)』 등과 같이 국문으로 농업이나 법률서를 저술하기도 하였다.

  『실용작문법(實用作文法)』 초판은 1911년 유일서관(唯一書館)에서 발행하였으며, 1917년 제3판이 박문서관에서 발행되었다. 기존의 학계에 소개된 자료가 대부분 제3판이어서, '일제 강점기 글쓰기론'을 재구성하면서, 초판을 영인하고자 한다.

實用作文法

李覺鍾 編著

원전

明治四十五年二月十日印刷

明治四十五年二月十三日發行

版權所有

定價金六十五錢

著作者　京城北部昌城洞五十三統四戶　李覺鍾

印刷者　京城北部大廟洞十四統六戶　金弘奎

發行者　京城中部寺洞十一統二戶　南宮濬

印刷所　京城北部磚洞十四統一戶　普成社

發行所　京城中部寺洞十一統二戶　唯一書館

乎人者、炎而附、寒而棄、鮮有能類淸之爲者、世之言徒曰市道交、

嗚呼、淸市人也、今之交、有能望報如淸之遠者、幸而庶幾、則天

下之窮困廢辱、得不死亡者衆矣、市道交、豈可少耶、或曰、淸非市

道人也、柳先生曰、淸居市不爲市之道、然而居朝廷居官府居庠

塾鄕黨以士大夫自名者、反爭爲之不已悲夫、然則淸非獨異於

市人也。

錬習

左의 題에 就ᄒ야 傳記文을 作ᄒ라

(史傳) 一、沈淸傳

(評傳) 二、富蘭克林傳

(託傳) 三、匠人傳

實用作文法 完

（起）宋清,長安西部藥市人也,居善藥,有自山澤來者,必歸宋清氏,請優主之,長安醫工,得清藥,輔其方,輒易讎,咸譽清,疾病疕瘍者,亦皆樂就清求藥,冀速已,清皆樂然響應,雖不持錢者,皆與善藥,積券如山,未嘗詣取直,或不識遙與券,清不為辭,歲終度不能報,輒焚券,終不復言,市人以其異,皆笑之,曰清蚩妄人也,或曰清其有道者歟,清聞之,曰清逐利以活妻子耳,非有道也,然謂我蚩妄者,亦謬,清居藥四十年,所焚券者,百數十人,或至大官,或連數州,受俸博,其饋遺清者,相屬於戶,雖不能立報,而以賒死者千百,不害清之為富也,清之取利遠,遠故大,豈若小市人哉,一不得直,則怫然怒,再則罵而仇耳,彼之為利,不亦翦翦乎,吾見蚩之有在也,清誠以是得大利,又不為妄,執其道不廢,卒以富,求者益眾,其應益廣,或斥棄沉廢,親與交視之落然者,清不以怠遇其人,必與善藥如故,一旦復柄用,益厚報清,其遠取利,皆類此,吾觀今之交

託傳例

志仁義의道에在호더라

彼는恒常當時의文이排偶의弊에拘束되고經誥의指歸와
班馬의氣格이復히振起치아니홈을憂호야一意專心으로深
히本始를探호니上則姚姒의渾渾無涯와周誥殷盤의佶屈聱
牙와春秋의謹嚴과左氏의浮誇와易의奇而法과詩의正而葩
로브터下則莊騷太史의所錄으로子雲相如의同工異曲에逮
호기서지皆取호야己의藥籠中物을삼고且此를筆에託호야
紙에發홈에及호야는務호야陳言을去호고前人의一言一句
의踏襲을不肯호니特히行文의間에長短錯綜의句法을用홈
과如홈은四六騈儷의宿弊를打破코즈호는彼의意氣精神의
發現홈이아닌가(結)此ー彼가唐三百年의第一人으로文學上
에無上호光榮과莫大호價値를有호所以ー니라

宋淸傳　　　　　柳子厚

發言에 畏避ᄒᆞ는바ー 無ᄒᆞ며 操守가 堅正ᄒᆞ야 妄히 詭隨치아

니ᄒᆞ고 慨然히 名教를 興起ᄒᆞ야 節義를 弘獎홈으로써 己任을

作ᄒᆞ고 與人交에 榮枯窮達로써 易節치아니ᄒᆞ고 常히 後進을

利導ᄒᆞ야 誘掖推援에 最히 懇切을 極ᄒᆞ니 小子後生으로 彼의

指授를 受ᄒᆞᆫ者及一時名士로 彼와 詩酒之間에 徵逐ᄒᆞᆫ者ー皆

스스로 韓門弟子라 稱ᄒᆞ더라

（進）彼는 自幼로 學을 好ᄒᆞ야 膏油를 焚ᄒᆞ야 晷를 繼ᄒᆞ고 砲々

히 日로 數百千言를 記ᄒᆞ며 稍長에 及ᄒᆞ야 六經百家의 學을 通

ᄒᆞ더라 然而彼의 成功은 學者됨보다 寧히 詩人됨에 在ᄒᆞ며 彼

의 價値는 詩人됨보다 寧히 文章家됨에 在ᄒᆞ니라 彼의 初에 文

章을 學홈에 戞戞乎渾身의 心血을 傾注ᄒᆞ야 處ᄒᆞᆫ는 如忘ᄒᆞ

고 行ᄒᆞᆫ는 如遺ᄒᆞ야 儼乎如思ᄒᆞ며 茫乎如迷ᄒᆞ야 文章으로

써 自家生命을 삼고 其所讀은 三代兩漢의 書요 所期ᄂᆞᆫ 聖人의

評傳例

於府庭、而遺其大者遠者焉、所謂不通是道者、猶梓人而不知繩

墨之曲直、規矩之方圓、尋引之短長、姑奪衆工之斧斤刀鋸以佐

其藝、又不能備其工、以至敗績用而無所成也、不亦謬歟、或曰彼

主爲室者、倘或發其私智、牽制梓人之慮、奪其世守、而道謀是用、

雖不能成功、豈其罪耶、亦在任之而已、余曰不然夫繩墨誠陳、規

矩誠設、高者不可抑而下也、狹者不可張而廣也、由我則固不由

我則圮、彼將樂去固而就圮也、則卷其術、默其智、悠爾而去、不屈

吾道、是誠良梓人耳、其或嗜其貨利、忍而不能捨也、喪其制量、屈

而不能守也、棟橈屋壞、則曰非我罪也、可乎哉、可乎哉、(結)余謂梓

人之道類於相、故書而藏之、梓人、蓋古之審曲面勢者、今謂之都

料匠云、余所遇者楊氏、潛其名。

韓愈小傳

三島毅

(起)韓愈의字는退之오諡曰文公이니爲人이明敏果銳ᄒ야

下有胥吏、又其下皆有嗇夫版尹以就役焉、猶衆工之各有執伎

以食力也、彼佐天子相天下者、舉而加焉、指而使焉、條其綱紀而

盈縮焉、齊其法制而整頓焉、猶梓人之有規矩繩墨以定制也、擇

天下之士、使稱其職、居天下之人、使安其業、視都知野、視野知國、

視國知天下、其遠邇細大、可手據其圖而究焉、猶梓人畫宮於堵

而績于成也、能者進而由之、使無所德、不能者退而休之、亦莫敢

慍、不衒能、不矜名、不親小勞、不侵衆官、日與天下之英才討論其

大經、猶梓人之善運衆工而不伐藝也、夫然後相道得而萬國理

矣、相道既得、萬國既理、天下舉首而望曰、吾相之功也、後之人循

跡而慕曰、彼相之才也、士或談殷周之理者、曰伊傅周召其百執

事之勤勞而不得紀念焉、猶梓人自名其功、而執用者不列也、大

哉相乎、通是道者、所謂相而已矣、其不知體要者反此、以恪勤為

公以簿書為尊、衒能矜名、親小勞、侵衆官、竊取六職百役之事、聽

貪祿嗜貨者、其後京兆尹、將飾官署、余往過焉、委羣材、會衆工、或
執斧斤、或執刀鋸、皆環立嚮之、梓人左持引、右執杖、而中處焉、量
棟宇之任、視木之能、舉揮其杖曰、斧、彼執斧者奔而右顧、而指曰
鋸、彼執鋸者趨而左、俄而斤者斲、刀者削、皆視其色、俟其言、莫敢
自斷者、其不勝任者、怒而退之、亦莫敢慍焉、畫宮於堵、盈尺而曲
盡其制、計其毫釐而構大廈、無進退焉、既成、書於上棟曰、某年某
月某日某建、則其姓氏也、凡執用之工、不在列、余圜視大駭、然後
知其術之工大矣、繼而歎曰、彼將捨其手藝、專其心智、而能知體
要者歟、吾聞勞心者役人、勞力者役於人、彼其勞心者歟、能者用、
而智者謀、彼其智者歟、是足為佐天子相天下法矣、物莫近乎此
也、彼為天下者、本於人、其執役者為徒隸、為鄉師里胥、其上為下
士、又其上為中士、為上士、又其上為大夫、為卿、為公、離而為六職、
判而為百役、外薄四海、有方伯連率、郡有守、邑有宰、皆有佐政、其

（雄健）

取法ᄒᆞ며且其種子ᄅᆞᆯ分受ᄒᆞ야頗히賞重히ᄒᆞ니號曰趙同知
種이라同知ᄂᆞᆫ由是로其家産이益富ᄒᆞ야日로繁昌ᄒᆞᆷ애晩年
에頗히豊好ᄒᆞᆫ生活ᄋᆞᆯ送ᄒᆞ더니及死애年七十이라朝廷이以
聞ᄒᆞ야其篤農ᄋᆞᆯ表彰ᄒᆞ기爲ᄒᆞ야同知中樞府事의官啣ᄋᆞᆯ贈
ᄒᆞ니是ᄅᆞᆯ爲趙同知라니距今約百二十年前事ㅣ라（結）至今에農家
ㅣ其遺種ᄋᆞᆯ愛ᄒᆞ야名曰趙同知種이라ᄒᆞ야其篤農의美蹟ᄋᆞᆯ
存ᄒᆞ더라

梓人傳

柳子厚

（起）裴封叔之第在,光德里,有梓人款其門,願傭隙宇而處焉,所
職尋引規矩繩墨,家不居礱斵之器,問其能,曰吾善度材,視棟宇
之制高深圓方短長之宜,吾指使而群工役焉,捨我,衆莫能就一
宇,故食於官府,吾受祿三倍,作於私家,吾收其直大半焉,（進）他日
入其室,其牀闕足而不能理,曰將求他工,余甚笑之,謂其無能而

史傳例
（明晰）

을加ᄒᄂᆫ評傳과他의特別ᄒᆫ意味를寓ᄒ기爲ᄒ야某虛像을
假托ᄒ야叙ᄒᄂᆫ托傳의區別이有ᄒ니라

○文例

趙同知傳

（起）趙同知ᄂᆫ京畿利川人이라其父ㅣ細緼로業ᄒ더니老에
同知를生ᄒ야未幾에死ᄒ고同知ᄂᆫ年甫十五에子々ᄒ身이
되야僅히隣家에傭力ᄒ야生活을保ᄒ더라（進）同知ᄂᆫ性이沈
重好思ᄒ고又勉勵忍耐ᄒ야自初로其主人老農의耕功이不
豊ᄒᆷ을憂歎ᄒ야日夜로其善方을思ᄒ며且農作의改良에努
ᄒ야數十年間에稍히自得ᄒᆫ바ㅣ有ᄒᆷ에主人이亦其効勤을
認ᄒ야一家産을與ᄒ야分居케ᄒ거ᄂ나同知ᄂᆫ自是로其改良
法을益講ᄒ되米穀의良否ᄂᆫ爲先種子의撰擇에在ᄒ다ᄒ야
最히此에用力ᄒ더니數年에大히効著되야隣洞農民이皆來

牲雖卜羞我觴、於餐荔丹與焦黄公不少留我涕滂、翩然被髮下大荒。

錬習

左題의 文을 作ᄒ라

一、某家寶硯銘
二、種樹紀念文
三、孝子某碑文
四、先師某公墓誌銘

第十一章　傳記文

傳記文은 某特定ᄒ 人의 生涯行狀功業等을 記ᄒ야 其人物을 他人의게와 後世에 傳播ᄒᄂ 用文이니 其叙述方法은 其人의 故鄕으로부터 父母의 爲人、生來의 敎育及生長間의 狀況과 所行事業及特殊ᄒ 性質及最終의 死亡에 至ᄒ 事實을 記ᄒᄂ니 此에ᄂ 單純히 歷史的으로 事實만 記ᄒᄂ 史傳과 多少論評

邦、凡所以養士治民者、一以公爲師、民既悅服、則出令曰願新公

廟者聽、民懽趨之、卜地於州城之南七里、期年而廟成、或曰公去

國萬里而謫于潮、不能一歲而歸沒而有知、其不眷戀于潮也密

矣、軾曰不然、公之神在天下者、如水之在地中、無所不住而無時

不在也、而潮人獨信之深、思之至、焄蒿悽愴、若或見之、譬如鑿井

得泉、而曰水專在是、豈理也哉、元豐元年詔封公昌黎伯、故榜曰

昌黎伯韓文公之廟、潮人請書其事于石、因爲作詩以遺之、使歌

以祀公（結）其辭曰

公昔騎龍白雲鄉、手抉雲漢分天章、天孫爲織雲錦裳、飄然乘

風來帝旁、下與濁世掃秕糠、西遊咸池略扶桑、草木衣被昭回

光、追逐李杜參翱翔、汗流籍湜走且僵、滅沒倒景不得望、作書

詆佛譏君王、要觀南海窺衡湘、歷舜九嶷弔英皇、祝融先驅海

若藏、約束鮫鱷如驅羊、鈞天無人帝悲傷、謳吟下招遣巫陽、㸌

元之盛，輔以房杜姚宋，而不能救，獨韓文公起布衣，談笑而麾之，天下靡然從公，復歸于正，蓋三百年於此矣，文起八代之衰，而道濟天下之溺，忠犯人主之怒，而勇奪三軍之帥，此豈非參天地，關盛衰，浩然而獨存者乎，蓋嘗論天人之辨，以謂人無所不至，惟天不容偽，智可以欺王公，不可以欺豚魚，力可以得天下，不可以得匹夫匹婦之心，故公之精誠，能開衡山之雲，而不能回憲宗之惑，能馴鱷魚之暴，而不能弭皇甫鎛李逢吉之謗，能信於南海之民，廟食百世，而不能使其身一日安於朝廷之上，蓋公之所能者，天也，其所不能者，人也，始潮人未知學，公命進士趙德為之師，自是潮之士，皆篤於文行，延及齊民，至于今號稱易治，信乎孔子之言，君子學道則愛人，而小人學道則易使也，潮人之事公也，飲食必祭，水旱疾疫凡有求必禱焉，而廟在刺史公堂之後，民以出入為艱，前太守欲請朝作新廟不果，元祐五年朝散郎王君滌來守是

不能歸、平生故人無遠邇、皆往賻之、然後妻子得以其柩歸河南、以某年某月某日葬於先塋之次、余與師魯兄弟交、嘗銘其父之墓矣、故不復次其世家焉、(結)銘曰、藏之深、固之密、石可朽銘不滅。

潮州韓文公廟碑

蘇東坡

(雄健)

(起)匹夫而爲百世師、一言而爲天下法、是皆有以參天地之化、關盛衰之運、其生也有自來、其逝也有所爲矣、故申呂自嶽降、而傳說爲列星、古今所傳、不可誣也、孟子曰我善養吾浩然之氣、是氣也、寓於尋常之中、而塞乎天地之間、卒然遇之、則王公失其貴、晉楚失其富、良平失其智、賁育失其勇、儀秦失其辯、是孰使之然哉、其必有不依形而立、不恃力而行、不恃生而存、不隨死而亡者矣、故在天爲星辰、在地爲河嶽、幽則爲鬼神、而明則復爲人、此理之常、無足怪者、自東漢以來道喪文弊、異端並起、歷唐貞觀開

州人至今思之，累遷官至起居舍人直龍圖閣，師魯當天下無事

時，獨喜論兵，為《敘燕息》成二篇行於世，自西兵起凡五六歲未嘗

不在其間，故其論議益精密，而於西事尤習其為兵制之說，

述戰守勝敗之要，盡當今之利害，又欲訓土兵代戍卒，以減邊用、

為禦戎長久之策，皆未及施為，而元昊臣西兵解嚴師魯亦去而

得罪矣，則天下之稱師魯者，於其材能，亦未必盡知之也，初師魯

在渭州將更有違其節度者，欲按軍法斬之，而不果，其後更至京

師，上書訟師魯以公使錢貸部將，貶崇信軍節度副使徙監均州

酒稅，得疾無醫藥，舁至南陽求醫，疾革，憑几而坐，顧稚子在前、無

忧憐之色，與賓客言終不及其私，享年四十有六以卒，師魯娶張

氏，某縣君，有兄源字子漸亦以文學知名，前一歲卒，師魯凡十年

間，三貶官，喪其父，又喪其兄，有子四人，連喪其三，女一適人、亦卒、

而其身終以貶死，一子三歲四女未嫁，家無餘貲，客其喪於南陽，

天下之稱師魯者、未必盡知之(進)師魯為文章、簡而有法、博學

強記、通知古今、長於春秋、其與人言、是是非非、務窮盡道理乃已、

不為苟止而妄隨、而人亦罕能過也、遇事無難易、而勇於敢為、其

所以見稱於世者、亦所以取嫉於人、故其卒窮以死師魯少舉進

士及第、為絳州正平縣主簿、河南府戶曹參軍邵武軍判官、舉書

判拔萃、遷山南東道掌書記、知伊陽縣王文康公薦其才、召試充

館閣校勘、遷太子中允、天章閣待制范公貶饒州諫官御史不肯

言、師魯上書言、仲淹臣之師友、願得俱貶、貶監郢州酒稅、又徙唐

州、遭父喪、服除、復得太子中允、知河南縣趙元昊反、陝西用兵、大

將葛懷敏奏、起為經略判官、師魯雖用懷敏辟、而尤為經略使韓

公所深知、其後諸將取於好水、師魯亦徙通判瀛

州、久之、韓公奏得通判秦州、遷知涇州、又知渭州、兼涇原路經略

部署、坐城水洛與邊將異議、徙知晉州、又知潞州、為政有惠愛、潞

（明晰）

홈에 神明으로 稱ᄒᆞ더라 越明年二月에 京師에 來ᄒᆞ야 時로 余
의 室에 至ᄒᆞᆷ에 白髮이 星星ᄒᆞᆫ지라 公이 曰泥塗軒冕이人으로
ᄒᆞ야 곰心으로 形애게 役케ᄒᆞᄂᆞᆫ도다 故山으로 將歸ᄒᆞ야 魚鳥
와 共遊ᄒᆞ리라ᄒᆞ고 因ᄒᆞ야 告老ᄒᆞ고 某州 本第로 下ᄒᆞ니
某年某月某日에 卒ᄒᆞ니 年이 七十이오 子ᄂᆞᆫ 五人이며 女ᄂᆞᆫ
二人이더라 某日에 某州某山에 葬ᄒᆞ야 公의 長子某ᅵ余의
게 屬ᄒᆞ야 碑ᄅᆞᆯ 銘ᄒᆞᄂᆞᆫ지라 余ᅵ固辭기 不忍ᄒᆞ야 數字ᄅᆞᆯ 乃
刻ᄒᆞ니 （結） 銘曰巍巍玆山　維公之宅　觀饗式時　庶幾來

格

尹師魯墓誌銘

（起） 師魯 河南人、姓尹氏、諱洙、然天下之士、識與不識、皆稱之
曰師魯、蓋其名重當世、而世之知師魯者、或推其文學、或高其議
論、或多其材能、至其忠義之節、處窮達、臨禍福、無愧於古君子、則

金石文

一、亡友를弔홈

二、祭先師文

第十章　金石文

金石文은永遠紀念의目的으로써金石에刻川ᄒᆞᄂᆞᆫ文章이니俗稱陰記가是라其本旨上으로言ᄒᆞ면他文과各別홀바ㅣ無ᄒᆞ지로ᄃᆡ古來로特히此等文章에用ᄒᆞᄂᆞᆫ一種의文體가有ᄒᆞ니其要ᄂᆞᆫ華美를去ᄒᆞ고眞實을取ᄒᆞ며詳細홈보다簡單홈을爲主ᄒᆞ며文句ᄂᆞᆫ時俗現用인者보다古典에셔採用홈을貴ᄒᆞᄂᆞ니라

○文例

某公墓碑銘

(起)公의姓은某오諱ᄂᆞᆫ某오字ᄂᆞᆫ某니某郡人이라(進)年甫弱冠에才名으로聞ᄒᆞ고及壯에博學力行ᄒᆞ더니後에某道를治

（流庇）

○文例

師의 靈을 吊홈

（起）維年月日에 師某公이 卒ᄒᆞ니（進）蓋一生一死ᄂᆞᆫ人生必

有의 理勢라 獨히 不肖의 悲歎홀바ㅣ아니로딕 다맛先生은 不

肖의 將來를 爲ᄒᆞ야 敎誨의 諄諄홈과 指導의 懇篤홈은 徜히 不

肖로ᄒᆞ야곰 最昏不忘케ᄒᆞᄂᆞᆫ바ㅣ오且先生의 不肖를 恩愛홈

은 臨終의 當日에도 懷中에 措치못ᄒᆞ야 不肖에게 滿腔懷感을

托ᄒᆞ시니 不肖ㅣ雖愚劣ᄒᆞ나 엇지 斯恩의 罔極홈을 不知ᄒᆞ리

오請컨딕 先生은 靈意其存ᄒᆞ실진딕 尚且 不肖의 將來를 爲ᄒᆞ

야 暝暝之中에셔 開發을 賜ᄒᆞ실지어다（結）不肖ㅣ坯能히 遣

意를 奉ᄒᆞ야 萬一의 報答을 期코져ᄒᆞ오니 請컨딕 先生의 靈

은 泉下에셔 目을 暝ᄒᆞ야 遺憾치아니ᄒᆞ실지어다

錬習

左題의 文을 作ᄒᆞ라

實用作文法　下編　文章各論　吊祭文　一八九

勵ᄒ야他日의大成을期ᄒ야以ᄒ야多不薰陶의鴻恩을報ᄒ

고今日卒業의光榮을空然히ᄒ지아니토록ᄒ고져ᄒ노이다

謹히卑衷을陳ᄒ야써謝辭로ᄒ옵ᄂ이다

【錬習】

左題의文을作ᄒ라

一、道立實業學校開校式祝辭

二、公立普通學校卒業式祝辭

三、友人의商店開業을賀喜

第九章　吊祭文

吊祭文

吊祭文은死者를吊ᄒ야慰意를表ᄒ며死者를祭ᄒ야敬意

를表ᄒᄂ은文章이니其叙述方法은或은死者의生前言行을讚

ᄒ며或은死後光榮을叙ᄒᄂ은等一樣이아니로딕其哀悼追慕

의至情을盡ᄒ은同然ᄒ나라然而吊文及祭文의弊ᄂ은文章이

流麗에過ᄒ기易ᄒ니必須恭虔誠實을爲主ᄒ지라

야欣躍之至에不堪ᄒᆞᆷ으로恭히燕辭를陳ᄒᆞ야敢히微衷을述

ᄒᆞ고倂ᄒᆞ야軍隊諸君의健康을祝ᄒᆞ노라

卒業式答辭

學習院生徒總代

（起）維時明治二十九年七月十五日赤坂離宮에셔畏히皇太

子殿下의臨御를辱ᄒᆞ고我學習院卒業證書授與의盛典을行

ᄒᆞ에生等이玆에高等學科를卒業ᄒᆞᄂᆞᆫ榮을得ᄒᆞᆫ지라（進）顧컨

딕生等이學習院에入ᄒᆞᆷ으로브터以來十有餘年에資性의駑

鈍에不拘ᄒᆞ고猶히今日이有ᄒᆞᆫ所以ᄂᆞᆫ獨히生等螢雪之功일

ᄲᅮᆫ아니라實로院長閣下統督의嚴흠과敎授各位指導의切흠

과에山치아님이無ᄒᆞ도다今又此時에臨ᄒᆞ야閣下의慇懃

告辭를辱ᄒᆞ니生等은感激不能已之로다抑學海ᄂᆞᆫ尙히汒洋

ᄒᆞ야津涯가無ᄒᆞ고前途가頗히遼遠ᄒᆞ야艱險이多ᄒᆞ도다（結）

生等이雖不敏이나謹히閣下의高諭를服膺ᄒᆞ고益益拮据勉

（流麗）

軍隊凱旋의祝詞

（起）不肖某ㅣ謹히出征軍隊諸君의凱旋을祝ᄒᆞ노라（進）曩에征露의師ㅣ出ᄒᆞᆷ으로부터諸君이善히聖旨를體ᄒᆞ야忠勇泰公ᄒᆞ고深히敵境에入ᄒᆞ야滿洲의野에轉戰ᄒᆞ고進ᄒᆞ야哈爾賓西比利亞를一掃ᄒᆞ야露廷으로ᄒᆞ여곰膽寒케ᄒᆞ며列國으로ᄒᆞ여곰刮目케ᄒᆞ니是ㅣ詢히皇上의神武에賴ᄒᆞᆷ이로ᄃᆡ諸君의大義를重히ᄒᆞ야嚴寒에劈肌ᄒᆞ고耳鼻陷凍ᄒᆞ며痒癌ㅣ迫身ᄒᆞ야四肢塵爛ᄒᆞᆷ에百艱이至ᄒᆞᄃᆡ諸君이志氣를堅固히ᄒᆞ야勇奮堪忍에能히萬死를冒ᄒᆞ고厭職을盡ᄒᆞᆷ이아니드면엇지能히此에臻ᄒᆞᆯ을得ᄒᆞ리오諸君等將士ㅣ一心으로軍機를守ᄒᆞ야勇往奮戰ᄒᆞ야比咋吶喊一擊之下에完勝을告ᄒᆞᆷ에皇威遠暢ᄒᆞ고國光이惟揚ᄒᆞ니詢히振古의偉勳이며空前의快事ㅣ라（結）不肖某ㅣ諸君이凱旋ᄒᆞᄂᆞᆫ今日에此盛式에列ᄒᆞ

工業傳習所卒業式告辭

政務
總監　山縣伊三郎

（起）本日朝鮮總督府工業傳習所第四回卒業式을擧行홈에

當ᄒ야木官은諸子가旣往에黽勉精勵ᄒ야써所定의科業을

修了ᄒ고事를喜ᄒ고且將來에其責任의一層重大홈을念ᄒ야

玆에一言을告ᄒ는바ᅵ有코저ᄒ노라（進）夫諸子가本所에入

學ᄒ야所以ᄂᆞ爲先其技藝를習得ᄒ야而後에此를實地에應用

ᄒ야立身與家ᄒ야써公益에賁코저홈지라諸子ᄂᆞ

今에其業을卒ᄒ엿스ᄂᆞ前途ᄂᆞ尙爲遼遠ᄒ야成功이容易치

아니ᄒ니故로若尋常호覺悟로써從事홀진딕一蹉跌이有

ᄒ에自振기不能ᄒ고忽然히失敗에終치아니홀者ᅵ殆稀ᄒ

니（結）諸子ᄂᆞ宜其小成에安치말고益々히學術을修ᄒ야硏鑽

不息ᄒ고專혀斯業의改善發達에致力ᄒ야써産所教養의旨

趣에副케홈을期홀지어다

祝賀文

（明晰）

第八章　祝賀文

祝賀文은懽喜慶賀의情을敍하는文이니其叙述하는方法은

祝賀할事實을擧하야理由을述하고從하야喜悦의情을表하

는者ㅣ니라

○文例

祝立皇太子表

東京府知事髙崎五六

（起）天心攸眷國運中興、神器所傳、帝圖長久、（進）伏惟殿下、嘉群夙

振、賢性丕彰、聰慧本天質、無遺師傅之提誨、祝聰務日新、不問道

途之遠近、今也承桃列聖、正位東宮、固社稷之基、副丞黎之望、正

際萬國競進之日、實當一心協和之時、茲舉行盛典、以恢廓皇猷、

誠以稱雄宇宙、不可一朝而致造極文明、應以累世而期也、（結）臣

等幸沐聖明之恩、謬荷名譽之職、既已爲士民之代表、不能默歡

喜之衷情、爰值嘉儀、恭呈賀表、臣等誠惶恐、

蕭、必不敢挾舟於大邃矣、雖其不能推、故始得純孝之名、而終不

兔鬪狠受父母之戒也、或曰考叔之伐許、輕身以先登、豈亦不能

推其孝乎、曰爭車者私也、不孝也、先登者公也、孝也、受其身者事

親之孝、忘其身者事君之忠、忠孝豈有二道乎、曾子以爲戰陣無

勇非孝則考叔之勇、政曾子之所謂孝乎、然、不死於先登之傷、而

死於子都之射、死於私、而不死於公、此吾所以深惜其不能也

(結)昔、左氏嘗舉孝子不匱、永錫爾類之詩以美考叔、自今觀之、能

舍肉而不能舍車、則其孝有時而匱矣、能化莊公而不能化子都、

則其類有時而不能矣、考叔三復是詩、能無愧乎。

練習

左의 說에 對하야 辨駁文을 作하라

一、人의 貴賤은 貧富에 因한다는 說

二、衛生方便은 都會가 鄕村보다 勝하다는 說

三、音樂無益論

枝葉華色芬臭雖有萬不同、然曷嘗有二氣哉、(進)理在天下、遇親

則爲孝、遇君則爲忠、遇兄弟則爲友、遇朋友則爲文、遇宗廟則爲

敬、遇軍旅則爲蕭隨、一事而得一名、名雖千萬、而理未嘗不一也、

氣無二氣、理無二理、然物得氣之偏、非物之罪也、氣之偏也、至於

人則全受天地之氣、全得天地之理、今守一理而不能推、豈非人

之罪哉、潁考叔以孝聞於鄭、一言而回莊公念母之心、固可嘉矣、

使能推而極之、則塞乎天地、橫乎四海、凡天下之理、未有出於孝

之外者、奈何伐許之役、反爭一車、而殺其身、惜哉、其與莊公問答

之際、溫良樂易、何其和也、其與子都鬪爭之際、奮戾攘奪、何其暴

也、一人之身、前後如此、當賜食之時、則思其親、至授兵之際、獨不

思其親乎、當舍肉之時、則思其親、至爭車之際、獨不思其親乎、前

則思之、後則忘之、是見親於羹而不見親於車也、苟考叔推事親

之敬、爲宗廟之敬、必不敢爭車於大宮矣、推事親之蕭、爲軍旅之

（雄健）

舊矣라호니段之有後는是는莊公이欲以欺後世也ㅣ라旣欺

其朝호고又欺其國호고又欺天下호고又欺後世호니噫噫崽

發乎險哉라莊公之心矧야然이면必先欺心호

니莊公이徒喜人之受吾欺者多호고而不知吾ㅣ自欺其心호

者亦多호니受欺之害는身害也오欺人之害는心害也ㅣ라哀

莫大於心死而身死亦次之라受害者는身雖害호

딕彼欺人者는身雖得志나其心은固已剝喪無餘矣니在彼

者는所喪이甚輕호고在此者는所喪이甚重호니是釣者之

自呑鉤餌며獵者之自投陷穽也ㅣ라非天下之至拙者ㅣ면詎

至此乎아（結）故로吾ㅣ始以莊公으로爲天下之至險호고終以

莊公으로爲天下之至拙이라호노라

　　潁考叔爭車

　　　　　　　呂伯恭

（起）理之在天下, 猶元氣之在萬物也, 一氣之春, 播於品物, 根莖

叔段哉아苟與一念이면是는殺一弟也오苟與百念이면是는

殺百弟也ㅣ니莊公之罪ㅣ顧不大於叔段耶아吾嘗反覆考之

然後에知莊公之心의天下之至險也로라祭仲之徒는不識其

機호야反諫其都城過制호고不知莊公이正欲其過制호며諫

其厚將得衆호고不知莊公이正欲其得衆호니是는舉朝之卿

大夫ㅣ皆墜其計中矣오鄭之詩人은不識其機호야反刺其不

勝其母以害其弟호고不知莊公이正欲得小不忍之名호

刺其小不忍以致大亂호고不知莊公이正欲得不忍之名호

니是는舉國之人이皆墜其計中矣라莊公之機는心猶未己也

ㅣ라魯隱之十六年에莊公이封許叔而曰寡人이有弟不能和

協호야而使糊其口於四方호니豈能久有許乎아호니其爲此

言이是는莊公이欲以欺天下也오魯莊之十六年에鄭公父定

叔이出奔衛호야三年而復之曰不可使共叔으로無後於鄭이

（明晰）

罪觸法、陷於大戮、而曰彼殺之、我乃殺之、不議曲直、暴遇脅弱而
己、其非經背聖、不亦甚哉、周禮調人掌萬人之讎、凡殺人而義
者、令勿讎讎之則死有反殺者、邦國交讎之、又安得親親相讎也、
春秋公羊傳曰父不受誅子復讎可也、父受誅子復讎、此推刃之
道、復讎不除害、今若取此以斷兩下相殺則合於禮矣、且夫不忘
讎孝也、不愛死義也、元慶能不越於禮服孝死義、是必達理而間
道者也、夫達理聞道之人、豈其以王法為敵讎者哉、議者反以為
戮、瀆刑壞禮其不可以為典明矣（結）請下臣議附於令、有斷斯獄
者、不宜以前議從事、謹議、

桐葉封弟辯　　　　　　　　　柳宗元

（起）古之傳者有言、成王以桐葉與小弱弟戲曰、以封汝、周公入
賀、王曰、戲也、周公曰、天子不可戲、乃封小弱弟於唐、吾意不然（進）
主之弟當封耶、周公宜以時言於王、不待其戲而賀以成之也、不

莫得而並焉、誅其可旌、玆謂濫、瀆刑甚矣、旌其可誅、玆謂僭、壞禮甚矣、果以是示於天下、傳於後代、趨義者不知所向、違害者不知所立、以是爲典可乎、蓋聖人之制、窮理以定賞罰、本情以正褒貶、統於一而已矣、嚮使刺讞其誠偽、考正其曲直、原始而求其端、則刑禮之用、判然離矣、何者、若元慶之父、不陷於公罪、師韞之誅、獨以其私怨、奮其吏氣、虐於非辜、州牧不知罪、刑官不知問、上下蒙冒、籲号不聞、而元慶能以戴天爲大恥、枕戈爲得禮、處心積慮、以衝讐人之胸、介然自克、卽死無憾、是守禮而行義也、執事者宜有慚色、將謝之不暇、而又何誅焉、其或元慶之父、不免於罪、師韞之誅、不愆於法、是非死於吏也、是死於法也、法其可讐乎、讐天子之法、而戕奉法之吏、是悖驁而凌上也、執而誅之、所以正邦典、而又何旌焉、且其議曰、人必有子、子必有親、親親相讐、其亂誰救、是惑於禮也甚矣、禮之所謂讐者、蓋其冤抑沉痛、而号無告也、非謂抵

을特히優良히見흠은人情의自然이라何人이던지難免흐눈

바—니故로三景優劣의論은其三景의何者에도關係가無흔

人의게讓흘問題오賞君과如흠은此를論흘資格이無흠으로

思흘노니(結)如斯히優劣論을駁흔後에余의優劣論은何如흔

을問흘진디余도亦三景의一된地方에生흔者—라其資格이

無흐니別로히陳述치아니흐려니와若余로써卑怯이라思흔

실지면亦不足更言이라흐노라

　　　駁復讐議

　　　　　　　　　　柳宗元

(起)臣伏見天后時,有同州下邽人徐元慶者,父爽爲縣尉趙師

輼所殺,卒能手刃父讐,束身歸罪,當時諫臣陳子昂建議誅之,而

旌其閭,且請編之於令,永爲國典,臣竊獨過之(進)臣聞禮之大本

以防亂也,若曰無爲賊虐,凡爲子者,殺無赦,刑之大本,亦以防亂

也,若曰無爲賊虐,凡爲治者,殺無赦,其本則合,其用則異,旌與誅

其優劣을論홈은誤謬홈이니此ㅣ其二오松島에往ᄒ야도月

夜와不月夜가其景이大異ᄒ며嚴島에往ᄒ야도鹿鳴處와非

鹿鳴處가其感이不同ᄒ고天橋立에往ᄒ야도成相山에셔見

홈과樗峴에셔見홈과其趣가有差ᄒ니貴論은아즉此를不知

홈이아닌가此ㅣ其三이오人이風景에對ᄒ야自身의健康不

健康에依ᄒ야愉快不愉快로感ᄒ는者ㅣ니病氣의有ᄒ時는

如何ᄒ風景에對ᄒ야도何等의趣味를不感ᄒ나니松島嚴島

又는天橋立에往ᄒ其時에貴健康은決코同一홈이아니실지

니此其四오同伴者의風流沒風流에도關係가有ᄒ며宿屋의

親切不親切에도關係가有ᄒ나니貴君은此等을一切安棄ᄒ

고公平히判斷홈인지否인지余ㅣ不能無疑ᄒ니此ㅣ其五라

余ㅣ以上五項의外에更히貴君에向ᄒ야論述치아니치못

ᄒ者는人의愛鄕心이是라其土地에出ᄒ야는其土地의風景

一、是非를 判斷ᄒ기 爲ᄒ야 先히 某事理를 擧ᄒᆷ도 可ᄒᆫ事

一、適宜히 反覆譬喩를 設ᄒᆷ도 可ᄒᆫ事

（明晰）

○文例

日本三景優劣論을 駁ᄒᆷ

（起）今에 貴日本三景優劣論一篇을 拜讀ᄒ건ᄃᆡ 尊文의 流麗ᄒᆷ은 實로 敬服ᄒᄂᆞᆫ바어니와 惟其論旨에 至ᄒ야ᄂᆞᆫ 余의 不贊成ᄒᄂᆞᆫ바 有ᄒ니

（進）優를 優라ᄒᄆᆞ며 劣을 劣이라ᄒᆷ은 平凡이라ᄒ야 故히 優를 劣이라ᄒ며 劣을 優라論ᄒᆷ은 文章家의 弊癖이어ᄂᆞᆯ 尊文은 此弊를 襲ᄒ얏스니 此ㅣ其一이오 三景이 共히 同是海上의 景色이로되 春夏秋冬이 其節季를 因ᄒ야 景色을 異히ᄒᄂᆞ니 假令松島의 雪과 如ᄒᆷ과 嚴島의 紅葉과 如ᄒᆷ과 天橋立의 時雨와 如ᄒᆷ者ㅣ 皆各各特色이 有ᄒ거ᄂᆞᆯ 然而貴君은 夏期에만 遊覽ᄒ고

辨駁文은事理是非을辨論ᄒ야他人의說에答辯ᄒ며又ᄂᆞᆫ他

人의說을攻駁非難ᄒᄂᆞᆫ一種議論文이니主ᄒ야人의同情과

理解를得흠을目的ᄒᄂᆞ니此作法上에ᄂᆞᆫ左의注意條件이有

ᄒ니라

一、反對論者의論旨ᄂᆞᆫ明白히此를篇首에揭出흠이可흔事

一、反對論者의論說이駁難흔者ᄂᆞᆫ此를解說ᄒ야條目을分

ᄒ야辨흠도可흔事

一、反對論者의論據를考察ᄒ야矛盾이有흔時ᄂᆞᆫ此를指摘

흠이最有力흔事

一、反對論者가推測에依ᄒ야論ᄒ엿스면此와反對되ᄂᆞᆫ推

測의議論으로攻擊흠이可흔事

一、强히說을設ᄒ야文過遂非코져ᄒ야牽强附會의論을加

흠과如흠은決코不可흔事

守、不牽世俗趨舍、可謂特立之士也、子美官至大理評事集賢校
理、而廢後爲湖州長史以卒、享年四十有一、其狀貌奇偉、望之昂
然而卽之溫溫久而愈可愛慕、其材雖高而人亦不甚嫉忌其擊
而去之者、意不在子美也、賴天子聰明仁聖、凡當時所指名、而排
斥二三大臣而下、欲以子美爲根、而累之者、皆蒙保全、今並列於
榮寵雖與子美同時飲酒得罪之人、多以一時之豪俊、亦被收采、
進顯於朝廷而子美獨不幸死矣、豈非其命也、(結)悲夫。

【鍊習】
左題의 文을 作하라

送友人爲地方官赴任序
送同窓生留學序
朝鮮敎育史序
某公文集序

第七章　辨駁文

政理之盛衰而怪唐太宗致治幾乎三王之盛而文章不能革五
代之餘習後百有餘年韓李之徒出然後元和之文始復於古唐
衰兵亂又百餘年而聖宋興天下一定晏然無事又幾百年而古
文始盛於今自古時少而亂時多幸時治矣文章或不能純粹或
遲久而不相及何其難之若是歟豈非難得其人歟苟一有其人
又幸而及出於治世世其可不爲之貴重而愛惜之歟嗟吾子美
以一酒食之過至廢爲民而流落以死此其可以歎息流涕而爲
當世仁人君子之職位宜與國家樂育賢材者惜也子美之齒少
於予而予學古文反在其後天聖之間予舉進士於有司見時學
者務以言語聲偶摘裂爲時文以相誇尚而子美獨與其兄才
翁及穆參軍伯長作爲古歌詩雜文時人頗共非笑之而子美不
顧也其後天子患時文之弊下詔書諷勉學者以近古由是其風
漸息而學者稍趨於古焉獨子美爲於舉世不爲之時其始終自

（明晰）

利於世，而善鑑萬類，淸瑩秀徹，鏘鳴金石，能使愚者，喜笑眷慕，樂
而不能去也，（結）余雖不合於俗，亦頗以文墨自慰，漱滌萬物，牢籠
百態，而無所避之以愚辭歌愚溪，則茫然而不違，昏然而同歸，超
鴻蒙混寂寥，而莫我知也，於是作八愚詩，紀於溪石上，

蘇氏文集序　　　　　　　　　　歐陽修

（起）予友蘇子美之亡後四年，始得其平生文遺稿於太子太傅
杜公之家，而集錄之以爲十卷，子美，杜氏壻也，遂以其集歸之，而
告於公曰，斯文金玉也，棄擲埋沒糞土不能銷融，其見遺於一時，
必有收而寶之於後者，雖其埋沒，而未出其精氣光怪，已能自
常發見而物亦不能掩也，故方其擯斥流離窮厄之時，文章
已自行於天下，雖其怨家仇人及嘗能出力而擠之死者，至其文
章，則不能少毀而揜蔽之也，凡人之情，忽近而貴遠，子美屈於今
世，猶若此，其伸於後世，宜如何也，公其可無恨，予嘗考前世文章

實用作文法　下篇　文章各論　序文　　　一六九

46

溪曰冉溪、或曰可以染也、名之以其能故、謂之染溪、余以愚觸罪、

謫瀟水上、愛是溪入二三里得其尤絕者家焉、古有愚公谷今余

家是溪而名莫能定、土之居者、猶斷斷然不可以不更也、故更之

爲愚溪(進)愚溪之上、買小邱爲愚邱、自愚邱東北行六十步得泉

焉、又買居之爲愚泉、愚泉凡六穴皆出山下平地蓋上出也、合流

屈曲而南爲愚溝、遂負土累石、而塞其隘爲愚池、愚池之東爲愚

堂、其南爲愚亭、池之中爲愚島、嘉木異石錯置、皆山水之奇者、以

余故、咸以愚辱焉、夫水智者樂也、今是溪獨見辱於愚何哉、蓋其

流甚下、不可以灌漑、又峻急多坻石、大舟不可入也、幽邃淺狹蛟

龍不屑、不能興雲雨、無以利世而適類於余、然則雖辱而愚之可

也、寧武子邦無道則愚、智而爲愚者也、顔子終日不違如愚睿而

爲愚者也、皆不得爲眞愚、今余遭有道、而違於理悖於事故、凡爲

愚者莫我若也、夫然則天下莫能爭是溪余得專而名焉、溪雖莫

（雄健）

可不憪歎乎然余又聞之羅馬之略四方隨取其地隨化其民當
時如歐洲北部皆野蠻散處之地耳而逢羅馬一征則土人皆傚
其風遷其俗漸以開明之域而今之各國屹然稱文明富强者皆
取基本於此則爲之羅馬一國之力開全州之草昧以成今日之
文明亦誰爲不可哉更有大於此者爲當羅馬之盛時外雖事兵
革內實務於政治文學凡法律文章禮儀技術皆彬彬可觀而其
書存于今者皆記以羅甸語夫此羅甸語者歐羅巴全洲所用以
爲模範至今祖其典籍宗其文字而百般事物之名稱皆莫弗由
此焉是其於文明之化最存大功德者矣（結）故羅馬一世之業吾
嘗兩言斷之曰遺罪於其所用力而存功於其所不用力抑亦可
以爲功罪相掩者矣夫

愚溪詩序

柳宗元

（起）灌水之陽有溪焉東流入於瀟水或曰冉氏嘗居也故姓是

（明晰）

羅馬史略序　　大槻文彦

（起）羅馬歐羅巴洲古昔之強大國也（進）其建國在二千六百年

之前、而國人驍勇好武、其用干戈、率無虛歲、征伐四疆、日辟國百

里、以至七百餘年之久、而後赫然一統宇內矣、當時四方舟車之

所通、無不悉入版圖、而傳世之悠久、疆土之廣大、榮華富強之盛

業、亙東西通古今、莫復可比擬焉、蓋其國人、驍武善戰、而英雄豪

傑世世輩出其師爲將、以征伐四方者、隨拓土地、隨置戍兵、以鎭

壓之、是以能有絕大之版圖成極盛之國勢而已矣、雖然、其所以

立國、則有大繆者、威力以制之、緊歛以富之、奴役其人民、漁奪其

財貨、唯殘忍酷虐是爲務、未嘗有天下公共之法、可以厚基本固人

心者、是以及其末路也、蕭然衰弱、譬之大樹之枝葉四張、而幹中

既蠹朽焉、一旦逢蠻賊蹶起、衝突中原、則基礎忽顚、大廈不支譬

然亡滅以至無焦類矣、嗚乎、威力之抑制一時、其不可恃也如此

（明晰）

句를集호야一卷을成호고余의게序홈을請호니余ㅣ是ㅣ說로

題호노라

民業律序

三島毅

（起）余嘗謂法律非特以折訟亦所以止訟也何者（進）人之相訟
由不自辨其曲直不知法律也是故國家設法
律以示天下則人人皆能知法律而辨其曲直而
訟之未止未之有也仲尼曰必使無訟乎蓋仲尼欲以道德止
訟而今則欲以法律止訟是古今政體之異人情之變其術不得
相同而至使無訟則一也縱令仲尼再生今世豈遽捨法律而獨
道德之由乎哉藤田君九二譯米人所著民業律問序於予予閱
之其爲書基習慣而論法律精到懇切專欲使人民皆能知法律
辨曲直以安其業（結）嗚乎此書而行所謂法律以止訟之功可期
而俟予惡得不欣然應請乃舉平生持論以辨卷端。

（雄健）

實地農學은 實로 地方 全般의 疲弊를 救療濟治ᄒᆞᄂᆞᆫ 最好書ㅣ
라 是ㅣ 予의 平生懷抱ᄒᆞᆫ 바와 神契ᄒᆞᆫ 者ㅣ니 予ㅣ 엇지 此種著
述의 出이 有ᄒᆞᆷ은 喜悅치 아니ᄒᆞ리오 乃遂爲序云爾라

　　李君所編絕句集序

（起）風馳電擊ᄒᆞ야 堅城을 攤ᄒᆞ고 大軍을 殲ᄒᆞᆷ은 其惟 大砲인뎌
然이나 兩軍이 旣逼ᄒᆞ고 兩騎가 相接ᄒᆞ야ᄂᆞᆫ 人을 殺ᄒᆞ고 陣을
陷ᄒᆞᆷ이 刀鎗과 如ᄒᆞᆷ이 無ᄒᆞᄂᆞ니 是난 短兵을 相交ᄒᆞᆷ이 巨砲를
無用이라 詩의 紀句가 此와 如ᄒᆞ니（進）長篇大作으로 可히 傍人
을 震ᄒᆞ고 獨步라 稱ᄒᆞ나 然이나 幾寂ᄒᆞᆫ 中에 所懷를 寫ᄒᆞᆷ은 絕
句와 如ᄒᆞ者ㅣ 無ᄒᆞ지라 絕句의 體ㅣ 短ᄒᆞ고 도 工ᄒᆞ기 極히
難ᄒᆞ나니 其 工ᄒᆞᆷ에 至ᄒᆞ야난 鬼神이 泣ᄒᆞ고 造物을 奪ᄒᆞ야 此所謂
ᄒᆞᆫ者ㅣ 爲ᄒᆞ야 驚ᄒᆞ고 聞ᄒᆞᆫ者ㅣ 爲ᄒᆞ야 歎ᄒᆞᄂᆞ니 此所謂
短兵과 巨砲의 所用이 各有ᄒᆞᆷ이며 山藪 李君이 當今 諸家의 絕

胃散을授ᄒᆞ며或葡萄酒를飮케ᄒᆞ야如斯히次第로病者의健康을恢復케ᄒᆞᆫ다ᄒᆞ니果然ᄒᆞᆫ도다。如是全身이衰弱ᄒᆞᆫ一般地方의疲弊를救療劑治ᄒᆞᄂᆞᆫ方策은如何오曰無他ㅣ라爲先農家의每戶에四五株의林檎樹를栽植케ᄒᆞ며或은六七羽의鷄一二頭의豚、一窩의蜜蜂을飼養케ᄒᆞ며或은田圃의畦畔에ᄂᆞᆫ楊樹胡桃樹等을栽植케ᄒᆞ며或은隄防의側面에ᄂᆞᆫ漆樹等을栽植케ᄒᆞ며或은空地에ᄂᆞᆫ杉松等을栽植케ᄒᆞ며或은草坪에ᄂᆞᆫ牛羊等을飼養케ᄒᆞ고河流에ᄂᆞᆫ鮭鱒의卵子를孵化繁殖케ᄒᆞ야此等複産物을總併호勢力으로써漸次間에一般地方의疲弊를醫療ᄒᆞ야實力을增殖케호에在ᄒᆞᄂᆞ니若夫急々咄嗟의間에全身衰弱病者를救療濟治ᄒᆞ야써成功의伎倆을揚示코ᄌᆞ하야遽然히劇烈호奮興劑强壯劑를投ᄒᆞ야病者의死를自速케흠과如흠은只是平々庸醫의事일ᄲᅮᆫ이로다。(結想컨디

（雄健）

本無謂也오我本無謂也者는仍卽我之消遣也라我安計後之

人之知有我與不知有我也리오嗟乎라是則古人이十倍於我

之才識也로다我欲慟哭之호노니我又不知其爲誰也일식我

ㅣ是以로與之批之刻之호야以代慟哭之也ㅣ로니（結）夫我之

慟哭古人은則非慟哭古人이라此又一我之消遣法也ㅣ로라

志賀重昻

實地農學序

（起）我國地方의疲弊는全般에涉호야此롤人身에譬호면全

身衰弱病者와如호니（進）曾聞良醫가全身衰弱病者롤救療濟

治홈에눈此에劇烈훈奮興强壯劑롤不投호고爲先牛乳와

如훈滋養物을與호야或은溫泉에浴케호며或은溫暖훈監水

로全身을拭케호며或은皮膚롤日光에曬케호며或은適宜히

郊外散策을試케호며或은近地旅行에出케호며或은快活호

稗官小說을閱讀케호고其間에有時로或鎭劑롤投호며或健

明几靜호딕筆良硯精호야心撰手寫호제伏承蜂蟻의來相照

證호니此는不世之奇綠이오難得之勝樂이라若後之人之讀

我今日之文에則眞未必知我今日之作此文時에又有此蜂與

此蟻也ㅣ니夫後之人이而不能知我今日之有此蜂與此蟻ㅣ

딘然則後之人이竟不能知我今日之有此我也ㅣ리라後之人

掣이라호야호因不得已而取我之文호야不取作消遣云爾오後之

之讀我文者를我則已知之耳로니其亦無奈水逝雲卷風馳電

人之讀我之文에卽使其心으로無所不得已라호야不取消

遣이라도然而我則終知之耳로니是其終亦無奈水逝雲卷風

馳電掣者耳라我自浣悟호니夫惋도亦消遣法也오不惋도亦

消遣法也오不妨乃欲其精妙也오欲其精妙也者는我之

刻苦也ㅣ니刻苦也者는我既了悟也오我既了悟也者는我之

孟浪也오我之孟浪也者는我既了悟也오我既了悟也者는我

者之鬚도可也오非我者ㅣ撲之어든我ㅣ吟之ㅎ고非我者ㅣ

吟之어든我ㅣ聽之ㅎ고非我者ㅣ聽之어든我ㅣ足之蹈之手之

舞之ㅎ고非我者ㅣ足蹈而手舞之어든我と思有以不朽之도

背可也ㅣ라硯을我ㅣ不知其爲何物也로딕既而同謂之硯이

可也오墨을我ㅣ不知其爲何物也며筆을我ㅣ不知其爲何物

也며紙를我ㅣ不知其爲何物也며手를我ㅣ不知其爲何物也

며心思를我ㅣ不知其爲何物로되既而同謂之云라라我

亦謂之云云이可也오窓明几靜이此何處也오人曰今日이라我

亦謂之此處也며風淸日朗이此何日也오今日이라我亦

謂之今日也라蜂穿窓而忽至ㅎ고蟻緣檻而徐行ㅎ니我ㅣ不

能知蜂蟻ㅎ고蜂蟻도亦不知我로다만은我今日而暫在ㅎ고

斯蜂蟻도亦暫在ㅎ니我條忽而爲古人則是난此蜂도亦遂爲

古蜂이오此蟻도亦遂爲古蟻也리라我今日天淸日朗ㅎ고窓

猶尙暫在라도實非我也라旣己非我也딘我欲云何며抑旣己

非我ㅣ딘我何不云何리오且我而猶望其是我也ㅣ딘我ㅣ決

不可以有少惶我而旣己決非我矣ㅣ딘我ㅣ如之何不聽其或

惶ᄒ야乃至或大惶耶아惶而欲以非我者로爲我ㅣ딘此固惶

也니然而非我者ㅣ則自惶也오非我之惶而欲以此

我로作諸鄭重ᄒ야極盡寶護ᄒ야至於不免呻吟啼哭은此固

大惶也니然而非我者ㅣ則自大惶也오非我之大惶也며又惶

而至欲以此我로窮思極慮ᄒ야長留痕跡ᄒ야于秋萬世에傳

道不歇이면此固大惶也니然而總之ᄒ면非我者ㅣ則

自大惶大惶也오非我之大惶大惶이라旣而惶其如此ᄒ니

於是而以非我者之日月로惶而任我之唐突도可也오以非我

者之才情으로惶而供我之揮霍도可也오以非我者之左手로

惶爲我摩非我者之腹ᄒ며以非我者之右手로惶爲我撚非我

未嘗生我라ᄒ면是則我亦聽其水逝雲卷風馳電掣而去而已

矣로라我旣聽其生ᄒ고後聽其去而無所於惜ᄒ니是則於

其中間에幸而猶尙暫在ᄒ니我亦無法作消遣中에隨意自作

消遣矣라得如諸葛公之躬耕南陽ᄒ야苟全性命도可也니此

一消遣法也오旣而又因感激三顧ᄒ야許人驅馳라가食小事

煩에至死方已도亦可也니亦一消遣法也오或如陶先生之不

願折腰ᄒ고飄然歸來도可也니亦一消遣法也오旣而又爲三

旬九食ᄒ야飢寒所驅에叩門無辭ᄒ고至圖冥報도亦可也니

又一消遣法也오天子ㅣ約爲婚姻ᄒ고百官이出其門下ᄒ고

堂下에建牙吹角ᄒ고堂後에品竹彈絲도可也니一消遣法

也오日中麻麥一餐ᄒ고樹下氷霜一宿ᄒ야說經四萬八千ᄒ야

度人恒河沙數도可也니一消遣法也라何也오我固非我

也면未生已前도非我也오旣去已後도又非我也니然則今雖

凉이로다嗟呼嗟呼라我ㅣ眞不知何處ㅣ是九原이며云何起

古人이라如使眞有九原ᄒ고眞起古人인ᄃᆡ豈不同此一副眼

淚ᄒ야同欲失聲大哭乎아乃古人則且有大過於我十倍之

才與識矣로다彼謂天地ㅣ非有不仁이라天地도亦眞無奈也

로다欲其無生인ᄃᆡ或非天地오旣爲天地어시니安得不生이

시리오夫天地之不得不生은是則誠然有之어니와而遂謂天

地ㅣ乃適生我라ᄒ면此豈理之當哉아天地之生也芸芸에天

地도殊不能知其爲誰也며芸芸之被天地生也에芸芸도皆

不必自知其爲誰也니必謂天地今日所生之가是我라ᄒ면則

夫天地明日所生之ᄂᆞᆫ固非我也리니然而天地明日所生之가又

各各自以爲我則是난天地도反當茫然ᄒ시리니不知其罪之

果誰屬也로다夫天地ㅣ眞未嘗生我而生而適然是我라ᄒ면

是則我亦聽其生而已矣오天地生而適然是我而天地가終亦

所欲爲則又何不疾作水逝雲卷風馳電掣ᄒ야頃刻盡去ᄒ고

而自以猶尙暫有로爲大幸을甚也오甚矣라我之無法而作消

遣也여細思我今日之如是無奈ᄒ니彼古之人은獨不曾先

我而如是無奈哉리오我今日所坐之地는古之人先立之者를

不可以數計矣로다夫古之人之坐於斯立於斯도亦必猶如我

之今日이언만은而今日에已徒見有我ᄒ고不見古人ᄒ니彼

古人之在時에豈不默然知之리오만은然而又自知其無奈라

故로遂不復言之也ᅵ니此眞不得不敢憾於天地也로다其何

甚不仁也오旣已生我어든便應永在어니脫不能爾어든便應

勿生이어늘如之何本無有我ᄒ고我又未嘗哀哀然丐之曰爾

必生我어날而無端而忽然生我ᄒ야無端而忽然生者ᅵ又

是我오無端而忽然生一正是之我를又不容之少住ᄒ니無端

而忽然生之ᄒ야又不容少住者ᅵ又最能聞聲感心에多有悲

（起）或이問於聖歎호日西廂記를何爲而批之刻之也오聖歎이

悄然動容호고起立而對日嗟乎라我亦不知其然이나然而於

我心則誠不能以自已也로라（進）今夫浩蕩大劫이自初迄今에

我則不知其有幾萬年月이로되幾萬萬年月이皆如水逝雲

卷風馳電掣호야無不盡去而至於今年今月而暫有我호니此

暫有之我도又未嘗不水逝雲卷風馳電掣而疾去也라然而幸

而猶尙暫有於此호니幸而猶尙暫有於此則我將以何等으로

消遣而消遣之호고我ㅣ比者에亦嘗欲有所爲러니旣而思之

건디且未論我之果得爲與不得爲호고果得成與

不得成이로니就使爲之而果得爲호고果得成이

라도是其所爲與所成으로則有不水逝雲卷風馳電掣而盡去耶

아夫未爲之而欲爲호고旣爲之而盡去ㅣ된我ㅣ甚矣라歎欲

有所爲之無益也ㅣ여然則我殆無所欲爲也ㅣ니夫我ㅣ誠無

書序

送薛存義之任序　　　　　　柳宗元　一五四

（起）河東薛存義將行、柳子載肉於俎、崇酒於觴、追而送之江滸、飲食之、且告曰（進）凡吏於上者若知其職乎、蓋民之役、非以役民而已也、凡民之食於土者、出其什一傭乎吏、使司平於我也、今我受其直、怠其事者、天下皆然、豈唯怠之、又從而盜之、向使傭一夫於家、受若直、怠若事、又盜若貨器、則必甚怒而黜之矣以今天下多類此而民莫敢肆其怒而黜罰、何哉、勢不同也、勢不同而理同、如吾民何、有達於理者、得不恐而畏乎、存義假令零陵二年矣、作而夜思、勤力而勞心、訟者平、賦者均、老弱無懷詐暴憎其為不虛取直也的矣、其知恐而畏也審矣、（結）吾賤且辱、不得與考績幽明之說於其往也、故賞以酒肉而重之以辭。

書序

慟哭古人（西廂記自序）　　　聖歎

其南涯曰溫生、大夫烏公以鈇鉞鎮河陽之三月、以石生為才、以禮為羅而致之幕下、未數月也、以溫生為才、於是以石生為媒、以禮為羅又羅而致之幕下、東都雖信多才士、朝取一人焉拔其尤、暮取一人焉拔其尤、自居守河南尹以及百司之執事、與吾輩二縣之大夫、政有所不通、事有所可疑、奚所諮而處焉、士大夫之去位而巷處者、誰與嬉遊、小子後生、於何考德而問業焉、縉紳之東西行過是都者、無所禮於其廬、若是而稱曰大夫烏公一鎮河陽、而東都處士之廬無人焉、豈不也、夫南面而聽天下、其所託重而恃力者、惟相與將耳、相為天子得人於朝廷、將為天子得文武士於幕下、求內外無治、不可得也、愈縻於茲、不能自引去、資二生以待老、今皆為有力者奪之、其何能無介然於懷耶、生既至、拜公於軍門、其為吾以前所稱為天下賀、以後所稱為吾致私怨於盡取也、（結）留守相公首為四韻詩、歌其事、愈因推其意而序之。

常所來往，晨則畢至，張上東門外，酒三行，且起有執爵而言者，曰
大夫真能以義取人，先生真能以道自任，決去就爲先生別，又酌
而祝曰，凡去就出處何常，惟義之歸，遂以爲先生壽，又酌而祝曰
使大夫恒無變其初，無務富其家，而飢其師，無甘受佞人而外敬
正士，無味於諂言，惟先生是聽，以能有成功，保天子之寵命，又祝
曰，使先生無圖利於大夫，而私便其身，先生起拜祝辭曰，敢不敬
蚤夜以求從祝規（結）於是東都之人士，咸知大夫與先生，果能相
與以有成也，遂各爲歌詩六韻，退，愈爲之序云。

送溫處士赴河陽軍序

韓退之

（起）伯樂一過冀北之野，而馬羣遂空，（進）夫冀北馬多天下，伯樂
雖善知馬，安能空其羣耶，解之者曰，吾所謂空，非無馬也，伯樂知
馬，遇其良輒取之，羣無留良焉，苟無良，雖謂無馬，非爲虛語矣，東
都固士大夫之冀北也，特才能深藏而不市者，洛之北涯曰石生，

（雄建）

送石處士序　　　　韓退之

（起）河陽軍節度御史大夫烏公，為節度之三月，求士於從事之

賢者，有薦石先生者，（進）公曰先生何如曰先生居嵩邙瀍穀之間、

冬一裘夏一葛，食朝夕飯一盂蔬一盤，人與之錢則辭，請與出遊、

未嘗以事免勸之仕不應，坐一室左右圖書，與之語道理辯古今

事當否，論人高下，事後當成敗，若河決下流而東注，若駟馬駕輕

車就熟路而王良造父為之先驅也，若燭照數計而龜卜也，大夫

曰先生有以自老，無求於人，其肯為某來耶，從事曰大夫文武忠

孝，求士為國，不私於家，方今寇聚於恒，帥其疆農不耕收財粟、

殫亡，吾所處地，歸輸之塗，治法征謀宜有所出，先生仁且勇，若以

義請，而強委重焉其何說之辭，於是譔書詞具馬幣卜日以授使

者，求先生之廬而請焉，先生不告於妻子，不謀於朋友，冠帶出見

客，拜受書禮於門內，宵則沐浴、戒行李，載書冊問道所由，告行於

（雄建而流宕）

(起)物吾相與ᄒ고 得喪을一視ᄒ야 人皆營營ᄒ나 我獨晏晏ᄒ며 人皆戚戚ᄒ나 我獨悠悠ᄒ야 止ᄒ고 行則行ᄒ야 天下의 物로 其心을 不累ᄒ니 吾子ᅵ於世에 何其綽有其餘ᄒ고(進) 余ᅵ吾子를 知ᄒᆫ지十年에 其所過를 觀ᄒ건ᄃᆡ 昔에ᄂᆫ富貴ᄒ더니 今에ᄂᆫ困窮ᄒ고 昔에ᄂᆫ脆弱ᄒ더니 今에ᄂᆫ健壯ᄒ니 吾子ᅵ何其形은勞ᄒ나 心은逸ᄒ고 然而所到에 迎者ᅵ如雲ᄒ고 及其論致談道에 喝采如雷ᄒ니 吾子ᅵ何其磊磊落落홈이如此호 고年月에 吾子ᅵ海西로歸ᄒᄂᆫ지라 余ᅵ其藴抱를卷ᄒ고田園에 歸ᄒᆯ을深惜ᄒ야挽止코져ᄒᆫᄃᆡ吾子ᅵ笑曰秋風이己高ᄒ고鱸魚가正肥ᄒ얏거ᄂᆞᆯ尙此車轍馬蹄間에埋沒ᄒ니海西江山이人을將笑홀진뎌(結)余ᅵ不能復止ᄒ고歌로送ᄒ야日高山은蒼蒼ᄒ고流水ᄂᆫ洋洋ᄒ니 吾子의接止오吾子의徜徉이라 我도君을將從ᄒ야湖山에放浪ᄒ리로다

依歸를 付ᄒᆞ신바라 客春에 上京ᄒᆞ야 遊閭一歲에 君이 利器를 抱ᄒᆞ고 鬱鬱不得志ᄒᆞ야 今乃達城古居로 歸ᄒᆞ니 蓋一出不得志則懷寶遯世ᄒᆞ야 閉戶讀書홈이 固是 士子의 本分이라 其意의 所在를 非不肯服이나 엇지 同情者의 一言이 無ᄒᆞ리오 達城은 公山이 鬱蒼ᄒᆞ고 洛水가 汪洋ᄒᆞ야 其間에 意氣之士가 多ᄒᆞ지라 徐君의 不遇는 世人의 共히 顧惜ᄒᆞ는바ㅣ라 況嶺南人士ㅣ君의 義를 慕ᄒᆞ고 道學을 爲ᄒᆞ야 歎ᄒᆞ는者ㅣ리오 君어ㅣ歸ᄒᆞ면 知己同情의 士가 必多ᄒᆞ리니 君은 勉ᄒᆞ다 民間에 奮門ᄒᆞ야 志士를 開發ᄒᆞ야 吾先師의 遺意를 勿負ᄒᆞ此ㅣ坐ᄒᆞᆫ엇지 吾子의 素志가 아닌가 勉之哉어다 君이여(結)余ㅣ有感ᄒᆞ노니 請ᄒᆞ건ᄃᆡ 君은 夕陽歸路에 我를 爲ᄒᆞ야 先師守東齋의 短碣을 吊ᄒᆞ라 因ᄒᆞ야 一掬의 淚를 憑ᄒᆞ노라

送崔君還鄉序

（堆建而流麗）

送序

添호기에 必要호 意思를 加호며 往往히 自己의 評論意見 等을

付호도 必要호니라

○文例

（送序）

送序送徐君南歸序

（起）名山과 大川은 其間에 奇偉俊傑之士를 必出호며 奇偉俊

傑之士는 名山과 大川을 得호야 摟游호나니 地理人物의 關係

가 蓋如是호이라（進）今余友徐君은 達城人也니 達城은 北에 八

公山이 岳然當天호고 南에 洛東江이 直流七百里入海호니 此

靈秀호 氣勢는 曾히 徐君을 出호이오 徐君의 此에 居호라

라 奇傑哉라 徐君이여 余는 徐君으로더브러 同窓螢雪의 苦을

喫호지己十有三年이니 君은 道德經義의 豊博과 志槩言論

의 高潔홈이 實로 嶺南士類의 推重호는바며 吾先師守東齋의

左題의 文을 作ᄒ라

鍊習

修學旅行報告 「在家父兄의게」

慶南諸郡農況視察報告

在家侍中情況報告 「東京留學兄의게」

轉地療養中病狀報告 「在家父兄의게」

第六章　送序及書序文

通常으로序文을用ᄒ는者는別離의衷情을敍ᄒ는送序及
著作文書圖畵의眞價及樂意、經過等을敍ᄒ는書序의二種이
有ᄒ니送序文은其本意가비록同情을盡홈에在ᄒ나悲歎憂
愁의思를表홈에不止ᄒ고進ᄒ야其知已의事情과前途의希
望을祝ᄒ야奮勵鼓舞ᄒ며修養自勉의意을添홈이必要ᄒ고
且書序는다맛書籍의價格만說홈에不止ᄒ고進ᄒ야其眞價
의裏面、必續必有의理由及內容의一斑을擧ᄒ야人의同情을

水源頗豐、大旱未嘗斷流、自前往來者只從道上泛看、一番稱壯、

未嘗爲之闖揚、余停策良久細看其北邊對地有一土岡可以攀

上、若就其顚作爲一臺、則爲嶺東之一快觀也。

鏡浦臺外海內湖、具從容潤大之致、足爲天下勝觀、不知如何

而登之自令人終日忘之、然湏廣披臂襟、大着眼目、而後可領其

要、間有小眼潔證者、規規吹索於渚涘之間、而謂無足觀則亦淺

之爲知也。

（形式）

　公報

月日第何号某件은謹承하온바右는如斯々々하옵기玆에報

告하오니

照亮하심을敬望홈

　年　月　日

受報告者　　　　　報告者署名印

　貴下

翠嶺而不至襯碍雪岳遠峯層見於雲霄間者隱隱可坐而挹也、

若以諸山泉石通較而定品則此為上乘無疑惟閉門巖水簾洞、

可相高下、而猶嫌其過於幽晦谷口有數三佳處、坐地欠妥帖石

理欠瑩潤不無愧色、外是而萬瀑碧霞潭華陽蕋串洞、尚州瓶泉

崖、曦陽白雲臺、皆不能盡美無疵、碧霞有激射之快、而地步苦窄、

蕋串以盤石見長、而太覺板冗瓶泉以玲瓏為巧、而全無映帶、惟

白雲臺上戴碧峯、下展白石、差可俯仰、而猶未具森列停瀉之致、

令人意味易窮焉、自餘瑣瑣不足與較雖有未

經眼者、間有名稱參互見聞槩未有傑然者吾東泉石之觀盖止

此矣。

　土王城瀑布、在食堂十餘里許、巨壁絫雲、瀑流中劈而下壁、其

展廣流不屈曲、其勢甚壯、殆可與開先、(金剛山瀑名)爭雄、若論其

高則不翅數千丈、東距滄溟不滿二十里、祈雨時、人有溯其頂者、

（明晰而流麗）

年月日在京城某洞統戶　某拜呈

某賢兄上

金剛遊報

金昌翁

（起）月日、行程先自普門庵、在雪岳東側（進自襄陽登岳、庵據五分

之四而高焉、南對雪岳、萬峯賁勢競上、箇箇竦厲凛然有不可干

之色、庵前近地、有香爐臺、奇巖層積、坐其上指點羣峯、令人叫絕

其摠攬衆妙之勢、與正陽鳳頂略同、而若論其劍戟圖畫、可以驚

心動魄、則彼反有遜焉、自內山五歲庵蹤嶺、而未及普門六七里

許行、跨嶺脊而東向、俯視俚見、其萬劍束鋩千戟攢枝屹屹直上、

騰騰飛動、乍遇之、令人錯愕、終焉為喜怵、便有朝覩甘夕死之意嘗

覽海內奇觀、惟黃山圖似之、或恐其瑩秀森踈勝此而未可知矣、

普門庵、東臨大海、可觀日出下有萬丈簾瀑其為具勝、邈不可及。

食堂泉石、在普門下流十里地、巖泉灑落、洞府宏暢、夾以丹崖

生으로 感服케 홈이 多ᄒᆞ며 及 授業을 開始홈에 諸 先生의 敎授

의 正確明詳홈과 設備의 完全無憾홈은 盖吾儕의 在鄕所聞이

果然 符合됨을 可知ᄒᆞ깃스며 如是히 一週日을 經ᄒᆞ야 始乃正

式入學許可의 告示가 有ᄒᆞ니 總入學生 五十八 中 小弟則亦依

舊入祭되엿더라 於是에 弟 亦某學校學生된 身分을 確有홈과

同時에 其名譽를 荷홈을 貴重히 ᄒᆞ야 前途一意 勉學ᄒᆞ야 師友

의 屬望을 不負ᄒᆞᆯ가 自期ᄒᆞ엿노라

在學이 今旣 一朔에 近홈에 漢陽風土의 漸히 順服됨과 共히

學校의 情趣가 日一日 增加되야 着着 進步의 滋味을 得ᄒᆞᆯ듯ᄒᆞ

며 從此 卒業에 至ᄒᆞ기ᄶᅵ 四個年間을 昨日과 如히 經過기를

心願ᄒᆞ오며 (結)爲先賢兄의 安心을 望ᄒᆞ기爲ᄒᆞ야 近狀의 大約

을 報道ᄒᆞ옴이오 小弟의 自學自讀의 內容에 至ᄒᆞ야는 一是 鹵

劣而己오 無足可道耳라 幷히 遠諒ᄒᆞ옵심을 請ᄒᆞ나이다

교及三月二十一日에 志願書을 提呈ㅎ고 二十六日에 試場에

入ㅎ야 算術及國語會話二科의 試驗을 受ㅎ고 其翌日에 更히

國語의 讀方作文譯解等及理科을 受ㅎ고 其翌日에 漢文을 受

ㅎ고 身體撿査가 有ㅎ더니 二十九日에 成績이 發布됨에 弟는

幸히 新入學生五十五人中 第三番에 居ㅎ야 假入學許可을 得

ㅎ니 於此에 大히 平素修學의 如何히 要重ㅎ을 覺ㅎ지라 同日

에 校長으로브터 四月一日上午九時에 一齊登校事의 訓示가

有ㅎ더라

期日에 登校ㅎ야 一切職員及各學年學生과 共히 相見禮를

行ㅎ니 此校난 校長以下敎論十八人이오 書記二人이며 且生徒

로는 最高級에 第四學年生이 二十八人이오 第三學年이 四十二

人이오 第二學年이 四十八人이나 共히 優秀佳良ㅎ 校風에 感

化되야 비록 一日內相見ㅎ나 接近親切ㅎ이 弟와 如ㅎ 退鄉學

〔明晰〕

○文例

京城에 在學ᄒᆞ야 鄕友의게 學校의 近況을 報ᄒᆞᆷ

(起) 客月初에 州東精舍에서 拜別ᄒᆞᆫ 後로 至今에 遠히 賢兄의
諸節萬安ᄒᆞ심을 視ᄒᆞ오며 (進) 小弟ᄂᆞᆫ 爾來安穩히 到京ᄒᆞ야 洞
戶에 寄宿ᄒᆞ니 此處ᄂᆞᆫ 蓋城市中 最閒靜地라 托身讀書에 난頭
適ᄒᆞ며 且一房內에 同寄者三人이 皆幸히 同道少年이라 情誼
不疎ᄒᆞ고 主人도 食事與諸般事를 善爲調辨ᄒᆞ야 別無不便이
오 寄宿料ᄂᆞᆫ 月金六圜이라 他에 較ᄒᆞᄂᆞᆫ 稍高ᄒᆞᆫ듯ᄒᆞ나 內容
의 親切淸潔이 他에 優勝ᄒᆞ니 此則足히 安接이며 投宿以來로
略二個日은 市內及龍山等地의 槪況을 周視ᄒᆞᆫ바 此則別로히
詳報ᄒᆞ려니와 目的호 學校入學의 件을 某某氏에게 從ᄒᆞ야 得聞
호 즉 此校난 每年入學試驗科目中 國語漢文이 每多落点者ㅣ
라ᄒᆞᄂᆞᆫ 故로 大히 此에 留意ᄒᆞ야 略二週間은 此의 預習을 行ᄒᆞ

作法上
注意

ㅎ要項을擧ㅎ면如左ㅎ니라

一、材料를廣히蒐集ㅎ事

二、材料의排列을適當히ㅎ事

三、土地物産等에關ㅎ者난重要有用ㅎ部分을先頭에提出ㅎ고漸次輕重大小을隨ㅎ야順序로記述ㅎ事

四、時間에關ㅎ事件은其時間을逐ㅎ야其時間에在ㅎ材料의集合되로順次記述ㅎ事

盖此報告文은繁雜多端ㅎ事項을能히一讀瞭然케ㅎ기를期ㅎ으로써要素난明晳을爲主ㅎ며文辭난稍히簡文에近ㅎ을要ㅎ고且相對者의文書往復이有ㅎ境過난其經過를詳記ㅎ지며一般히報告者의所地,年月日及受報告者의所在,民名을明記ㅎ지며公用報告에난法定ㅎ形式을從ㅎ되其文書의記號等을記入ㅎ이必要ㅎ니라

會以取勝於當世、而爲戎臣師、豈常習於威暴之事、樂其戰鬪之
危也哉、愈誠怯弱、不適於用、聽於下風、竊自增氣、誇於中朝稱人
廣衆會集之中、所以羞武夫之顏、令議者知將國兵而爲人之司
命者、不在彼而在此也、(結)臨敵重愼、誠輕出入、良用自愛、以副見
慕之徒之心、而果爲國立大功也、幸甚幸甚。

第五章　報告文

報告文은 某事實狀況을 他處로브터 他處에 向ᄒ야 通報ᄒ
난用文이니 其種類에ᄂᆞᆫ 旅行者의 報告도 有ᄒ지며 作業者의
報告도 有ᄒ지며 在官者의 報告도 有ᄒ지오 地方의 近況을 報
告도 有ᄒ지며 都會의 情勢을 報告도 有ᄒ지오 且其報告
ᄂᆞᆫ 自進ᄒ야ᄒ난者도 有ᄒ지며 他의 依賴에 應ᄒ야ᄒ도 有ᄒ
지니 如斯히 報告ᄒ난者ᄂᆞᆫ 난 事實과 境遇ᄂᆞᆫ 必一樣이아니라然이나
其文의 記述ᄒ난 方法은 大略一種의 形式이有ᄒ니 今其注意

(明晰)

자ᄒᆞᄂᆞᆫ者ㅣ니爾乃察得ᄒᆞ엿다謂ᄒᆞᆯ지로다

(結)因ᄒᆞ야放聲一笑ᄒᆞ노니世間에豈有千尋竹이龍蛇乍走

ᄒᆞᆯ괴虎豹乍蹲홈이皆明月夕陽의幼影임을知ᄒᆞ엿노라世의

官吏되고자ᄒᆞᄂᆞᆫ年少學生은能히官吏의幻影에欺치아니ᄒᆞ

ᄂᆞᆫ가其可警戒哉警戒哉어다

與鄂州柳中丞書

韓退之

(起)淮右殘孽,倚巢窟,環寇之師,殆且十萬,瞋目語難,自以爲

武人不肯循法度,頡頏作氣勢,竊爵位自尊大者,肩相摩,地相屬

也,不聞有一人援桴皷誓衆而前者,但日令走馬來求賞給助寇

爲聲勢而已,(進)閣下書生也,詩書禮樂是習,仁義是修,法度是束,

一日去文就武皷三軍而進之,陳師鞠旅,親與爲辛苦,慨慨感激,

同食下卒,將二州之牧,以壯士氣,斬所乘馬以祭踶死之士,雖古

名將何以加玆,此由天資忠孝,鬱於中而大作於外,動皆中於機

야生存코자ᄒᆞᄂᆞᆫ가卽爾亦官의位階를假ᄒᆞ야其屍를裹코자

ᄒᆞᄂᆞᆫ가何其不察ᄒᆞᄂᆞᆫ고

(進五)嗚呼라學生諸子아爾의民間에運動코자ᄒᆞᆷ은此ㅣ山

野애生長코자ᄒᆞᆷ이니山은如許高ᄒᆞ고野ᄂᆞᆫ如許潤ᄒᆞ니爾或

은北風의烈을苦치아니ᄒᆞᆯ가爾或은乾雨의暴에驚치아니ᄒᆞᆯ

가霜寒雪重ᄒᆞ니爾或은贄虛을逢치아니ᄒᆞᆯ가如是風雪의苦

ᄂᆞᆫ爾를艱難케ᄒᆞ나艱難의所賜ᄂᆞᆫ爾를玉成케ᄒᆞ나니所謂不

害其長ᄒᆞ며不抑耗其情이라爾能亭亭然凌雲ᄒᆞ야行人을爲

ᄒᆞ야風露를拂ᄒᆞ며征客을爲ᄒᆞ야炎熱을遮ᄒᆞᆷ을得ᄒᆞ리니則

爾ᄂᆞᆫ彼歪樹의徒ㅣ世에虛誇ᄒᆞᄂᆞᆫ者의比가아니라眞能世를

益ᄒᆞᄂᆞᆫ者ㅣ며爾遺体를留ᄒᆞ야ᄂᆞᆫ長히高樓를搆ᄒᆞ고大廈를

支ᄒᆞ리니則爾ᄂᆞᆫ彼倭歙ᄒᆞ床柱의徒히官의位階를假ᄒᆞ야屍

를裹코자ᄒᆞᄂᆞᆫ者의比가아니라眞能功德으로百世를感化코

호며 狂風이 觀을 挾호야 逼홈이 有호고 黑雨가 電을 驅호야 襲

홈이 有호되 然而 此를 耐호고 此를 忍호나니 不忍則 折호고 不

耐則 倒호쌴이라 棄而置之則 自全其天이타 홈은 實로 此를 云

홈이라 如是히 霜雪을 忍호고 風雨를 耐호야서 生長호즉 始乃

鬱然히 雲을 淩호느니 盖然後 明月이 在天홈에 人影이 落地

치아니호야 能히 行人을 爲호야 高樓를 搆호고 炎熱을 遮호기

足호며 其死에 遺体를 留호야 高樓를 搆호고 大廈를 支기

足호느니 如斯홈은 其性을 順호所以라 何其不察호는고

(進四) 嗚呼ㅣ라 學生諸子아 爾의 官吏되고 조홈은 此ㅣ庭園

에 生長코자 홈이라 爾는 正히스사로 其葉을 剪호며 其枝를 曲

호며 其本을 搖호고 其膚를 瓜코자 호인즐을 不知호는가 所謂

此를 自愛호며 此를 自憂호다호나 其實은 此를 自戕홈이라 爾

는 歪樹되야 沽沽히 人에 誇코자 호는가 爾는 倭欹호 床柱가되

은 卽山野로思호믈得홀지니然而惟此草木은써山野에生長

호면鬱鬱然雲을凌기不難호고써庭園에生長호면離離然風

을耐기不易호ᄂ니如斯혼者를何其不察호고

(進二)庭園에生長호ᄂ草木은此를愛호야肥大케호ᄂ者ㅣ

有호며此를憂호야肥大치아니호가호ᄂ者ㅣ有호며且祝且

撫호며己去後에顧호야其膚에瓜호야生枯를驗호며其本을搖

호야踈密을觀호고其葉을剪호야淡宕이라호며其枝를曲호

야風致라호야炎炎혼日은爲호야此를遮호며颯颯혼風은爲

호야此를防호며如斯히漸能生長則奇形恠狀으로歪樹됨에

不過호니歪樹ㅣ何用을成호리오生前에纏히八目을悅케호

ᄂ死後에茶室의床柱될ᄹ이니如斯혼은其木性에反혼所以

라何其不察호ᄂ고

(進三)山野에生長호ᄂ草木은霜이此를觸호며雪이此를擊

에 對하야 行함이 有하는 一般的으로 此等文章을 作함이 쏘흐

必要한 事ㅣ 有하니라

誘說文을 作함에 其誘說을 被할 人의 種類에 依하야 其利害

感情、思想、敎育의 程度를 詳調하야 此에 適應케함을 勉할지니

不然하면 其文이 雖美하는 誘說의 效를 失할지니라

○ 文例

學生에 說함

三宅雪嶺

（起）或夕陽籬落과 或明月空山에 婆婆히 墜地하는者ㅣ 有하

니 是何聲也오흐야 耳를 欹하는 無聞焉하며 是何物也오흐야

俯하야 拾하는 無有焉터니 俄然龍蛇가 斜走하며 虎豹가 橫蹲

흐니 云是樹影이로다 起하야 諸子에 對하야 且置其影하고 且

（流麗）

因其樹而言之호리라

（進一）夫夕陽籬落은 卽庭園으로 思함을 得할지오 明月空山

離或合、然其精淺閎博、各盡其術、而怪奇偉麗、往往震發於其間、
此所謂使好奇博愛者不能忘也、然凋零磨滅、亦不可勝數、豈其
華文少實、不足以行遠歟、而俚言俗說、猥有存者、亦其有幸不幸
著歟（結）今著於篇有其名而無其書者十蓋五六也、可不惜哉

練習

一, 右文例中에 就하야 構造를 論하라

二, 左의 題目의 文章을 作하라

修養의 必要

農村의 安樂

陋習改良에 就하야 論함

立志와 成功

第四章　誘說文

誘說文은 某事理로써 勸誘하야 人의 理性과 感情에
訴하야 人을 感化함을 目的하는 者—니 此는 往往히 特定한 人

亂訛缺，學者莫得其本眞，於是諸儒章句之學與焉，其後傳注箋

鮮義疏之流，轉相講述，而聖道粗明，然其爲說固已不勝其繁矣、

至於上古三王五常以來，世次國家滅絕始僭竊僞亂，史官備矣、

而傳記小說外曁方言地理職官氏族，皆出於史官之流也，自孔

子在時，方修聖經以紬繹與而老子著書論道德接乎周衰戰國

遊談放蕩之士田駢到列莊之徒，各極其辯，而孟軻荀卿始專

修孔氏以折異端，然諸子之論各成一家，自前世皆存而不絕也、

夫王迹熄而詩入離騷作而文辭盛，歷代盛衰文章與時高

下，然其變態百出，不可窮極，何其多也，自漢以來，史官列其名氏

篇韻以爲六藝九種七略，至唐始分爲四類曰經史子集，而藏書

之盛，於開元，其著錄者五萬三千九百一十五卷，而唐之學者自

爲之書，又二萬八千四百六十九卷，嗚呼可爲盛矣、六經之道簡

嚴易直，而天人備，故其愈久而益明，其餘作者衆矣，質之聖人，或

（明晰）

此所以求此名也（進）然安知夫縱之去也不意其必來以冀免所以縱之乎又安知夫被縱而去也不意其自歸而必獲免所以復來乎夫意其必來而縱之是上賊下之情也意其必免而復來是下賊上之心也吾見上下交相賊以成此名也烏有所謂施恩德與夫知信義者哉不然太宗施德於天下於茲六年矣不能使小人不為極惡大罪而一日之恩能使視死如歸而存信義此又不通之論也然則何為而可曰縱而來歸殺之無赦而又縱之而又來則可知為恩德之致爾然此必無之事也若夫縱而來歸而赦之可偶一為之爾若屢為之則殺人者皆不死是可為天下之常法乎不可為常者其聖人之法乎（結）是以堯舜三王之治必本於人情不立異以為高不逆情以干譽

藝文志論　　　　　歐陽修

（起）**自六經焚於秦而復出於漢其師傳之違中絕**（進）**而簡編脫**

（雄健）

更相稱美推讓而不自疑莫如舜之二十二臣,舜亦不疑而皆用之,然而後世不誚舜爲二十二人朋黨所欺,而稱舜爲聰明之聖者,以能辨君子與小人也,周武之世,舉其國之臣三千人共爲一朋,自古爲朋之多且大莫如周,然周用此以興,善人雖多而不厭也(結)夫興亡治亂之迹,爲人君者可以鑑矣。

縱囚論

歐陽修

(起)信義行於君子而刑戮施於小人,刑入於死者,乃罪大惡極,此又小人之尤甚者也,寧以義死不苟幸生,而視死如歸,此又君子之尤難者也,方唐太宗之六年,錄大辟囚三百餘人,縱使還家,約其自歸以就死,是以君子之難期小人之尤者以必能也,其囚及期而卒自歸無後者,是君子之所難而小人之所易也,此豈近於人情或曰罪大而惡極,誠小人矣,施恩德以臨之,可使變而爲君子,蓋恩德入人之深,而移人之速,有如是者矣,曰大宗之爲

國則同心而共濟、終始如一、此君子之朋也、故爲人君者、但當退
小人之僞朋、用君子之眞朋則天下治矣、堯之時小人共工讙兜
等四人爲一朋、君子八元八凱十六人爲一朋、及舜佐堯退四凶小
人之朋、而進元凱君子之朋、堯之天下大治、及舜自爲天子而皐
夔稷契等二十二人、并列於朝、更相稱美、更相推讓、凡二十二人
爲一朋、而舜皆用之、天下亦大治、書曰紂有臣億萬、惟億萬心、周
有臣三千、惟一心、紂之時、億萬人各異心、可謂不爲朋矣、然紂以
亡國、周武王之臣三千人爲一大朋、而周用以與、後漢獻帝時、盡
取天下名士囚禁之、目爲黨人、及黃巾賊起、漢室大亂、後方悔悟、
盡解黨人、而釋之、然已無救矣、唐之晚年、漸起朋黨之論、及昭宗
時、盡殺朝之名士、咸投之黃河、曰此輩清流、可投濁流、而唐遂亡
矣、夫前世之主、能使人人異心不爲朋、莫如紂、能禁絕善人爲朋
莫如漢獻帝、能誅戮清流之朋、莫如唐昭宗之世、然皆亂亡其國、

咽ᄒ야丈夫의眼에別淚龍鍾타가烏江一劍에猶且天亡을埋

怨ᄒ고覺悟를不知ᄒ니若使項籍으로勇ᄒ고도仁ᄒ며剛ᄒ

고도智ᄒ야人心이歸附ᄒ엿스면中原一鹿이엇지劉郞의手

에竟歸ᄒ리오(結)嗚呼라不仁ᄒ다項籍이며不智ᄒ다項籍이

여

(明斷)

朋黨論

歐陽修

(忠)臣聞朋黨之說自古有之惟幸人君辨其君子小人而已(進)

大凡君子與君子以同道爲朋小人與小人以同利爲朋此自然

之理也然臣謂小人無朋惟君子則有之其故何哉小人所好者

祿利也所貪者財貨也當其同利之時暫相黨引以爲朋者僞也

及其見利而爭先或利盡而交疎則反相賊害雖其兄弟親戚不

能相保故臣謂小人無朋其暫爲朋者僞也君子則不然所守者

道義所行者忠信所惜者名節以之修身則同道而相益以之事

（雄健）

爲ᄒ고 長者를 爲ᄒ야 枝를 折흠도 不能이라ᄒ면 不能이니 故로

天下의 事ᄂᆞᆫ 能히 爲에 成ᄒ고 不能에 敗ᄒᄂᆞᆫ지라（結）然而世에ᄂᆞᆫ

不能의 二字를 由ᄒ야 失敗를 自取ᄒᄂᆞᆫ者ㅣ 多ᄒ니 悲夫라

項籍論

（起）徒勇ᄒ고 不仁ᄒ면 敗ᄒ며 徒剛ᄒ고 不智ᄒ면 折ᄒᄂᆞᆫ 것

은 古今의 定理니 項籍이 卽其人이라（進）夫項籍은 拔山의 力과

盖世의 氣가 有ᄒᆞᆫ 男兒라 殷通宋義의 魂을 一劍斷送ᄒ며 章邯

董翳의 師를 一麾撲滅ᄒᄂᆞᆫ 日에 天下諸候가 幕下에 屈膝ᄒ고

海內精兵이 門外에 森立ᄒ니 叱咤ᄒᆞᆫ ᄌᆞᆨ 陸慴海慄ᄒ고 喧呼ᄒᆞᆫ

卽電走雷奔ᄒ야 宇內를 席捲홀 勢가 有ᄒ니 當時英雄이 敢히

爭鋒홀者ㅣ 無지라 然이ᄂᆞ 殘忍暴悍ᄒ야 所過에 城邑이 丘

墟를 成ᄒ고 人民이 魚肉을 作ᄒ니 殘忍暴悍을 積ᄒ며 冤을 結흠이 此

에셔 甚흠이 無ᄒ지라 及其垓下一敗에 雖馬不逝ᄒ고 悲歌嗚

修辭法을 用흠이 必要흠은 勿論이니라

○文例

　技術의 學習論

(明晰)

(起)技術을 學習흠에는 (進)自己의 不好흐는 者는 父兄의 敎命
과 師長의 督責으로도 更히 如何히 지 못흐고 其心이 不進흐
야 成就기 難흐며 練熱기 不能흠되 好흐는 者는 父의 命과 師
長의 責을 不待흐고 其心이 自進흐야 庶就가 速흐고 練熱기 易
흐느니 (結)然則 自己의 所好를 擇흐야 學習흠이 가장 必要흐니
라

　能爲論

(明晰)

(起)西人이 有言흐디 不能의 二字는 勿用이 可라 흐니 (進)此는
何故인가 凡人이 能히 爲의 氣를 舊흐던 天下에 不能흘 專가 殆無
흘지니 蒸溂를 利用흐야 幾千里를 一日에 行흠도 能爲라면 能

ㅎㄴ니例如
（滊車滊船의 二個物及利不利의 異種事件의 例）

分割法

〔利〕＝＝
今에 某地에 赴홈에 滊車로써 홀진디 到着도
速ㅎ고（其一）危險도 小ㅎ고（其二）途次에 風光
도 또훈 極佳홀지라（其三）

〔不利〕＝＝
然이ㄴ 若 滊船으로써 홀진디 到着이 遲ㅎ고
〈其一〉危險이 多ㅎ고（其二）途中에 또훈 可見할
著ㅣ 無홀지니라（其三）

交錯法
今에 某地에 赴홈에 滊車로써 홀진디 到着이 速홀지오
（利）滊船으로써 홀진디 到着이 遲홀지며（不利）滊車이면
危險이 少ㅎㄴ（利）滊船이면 危險이 多ㅎ며（不利）滊車이
면 途次에 風光이 頗佳ㅎㄴ（利）滊船이면 途中에 可見홀
著ㅣ 無홀지니라（不利）

右ㄴ 形式의 構造方法을 示홈이오 文辭에 就ㅎ야ㄴ 相當훈

三、前置法과 後置法

論斷과 事實이 譬喩와 主旨ᄂ 疑問과 判斷等 兩者 相隨ᄒ

【前置】
【後置】
ᄂ者를 論ᄒ에 當ᄒ야 其位置를 前後ᄒ에 因ᄒ야 或은 前置法

이되며 後置法이되ᄂ니 例如

（論斷과事實의例）

前置法
（論斷）＝＝明治維新의 改革은 實로 破壞的이라
（事實）＝＝苑도 斧斤을 蒙ᄒ엿ᄂ니
（事實）＝＝千金의 古器도 塵埃에 委ᄒ며 萬工을 費ᄒ名

後置法
（事實）＝＝千金의 占器도 塵埃에 委ᄒ며 萬工을 費ᄒ名
（事實）＝＝苑도 斧斤을 蒙ᄒ엿ᄂ니
（論斷）＝＝明治維新의 改革은 實로 破壞的이라

四、分割法과 交錯法

【分割】
【交錯】
二個以上의 事實을 對論ᄒ에 當ᄒ야 異種의 事件을 各各 分

割ᄒ야 述ᄒ을 分割法이라ᄒ고 交錯ᄒ야 論ᄒ을 交錯法이라

二、單行法과對行法

利害、盛衰、寬嚴、輕重、遲速 等 兩兩相對하는 事를 論함에 當하
야單히其主旨만述하는 者를 單行法이라하고 主旨와 相對되
논者를 幷列하는 法을 對行法이라하나니 例如　(利害의 例)

單行法＝〔主旨〕
{
青年이 能히 勤儉忠實하야 學業을 勉호면 可히
와 (利)不然하면 終乃 立身保家의 前途를 誤了
하야 遂히 悔無奈何(不利)에 至호지니라
}

對行法
{
〔對旨〕利
青年이 能히 少時로써 勤儉忠實하야 學業을
勉호면 前途에 可히 立身保家하야 其志業을
成호지라

〔主旨〕害
然이나 反此하야 遊惰浮華하야 偽詐에 馳騖
호면 遂乃 其身을 亡하며 其家를 敗하야 悔無
奈何에 終홀뿐이니라
}

實用作文法　下編　文章各論　議論文　一二三

92

直上　直下

原因、結果、前後、大小、輕重、本末 等 總히 順序가 有호 事物을 論

홈에 當호야 結果로브터 原因에 又는 前事로브터 後事에 順次

論及호는 者를 直上法이라호고 其反對인 者를 直下法이라홈

느니 例如 (原因結果의 例)

直上法 ┤

（結果）生活力을 盛히호고 勢力을 增進홈은 血液中에

（結果）多量의 酸素를 吸收호는 故이며

（原因）呼吸이 速홈은 運動을 行호는 故ㅣ니라

直下法 ┤

（原因）呼吸이 速호 故로 血液中에 多量의 酸素를 吸收

（結果）血液中에 多量의 酸素를 吸收호 故로 生活力이

（結果）盛호고 勢力을 增進홈을 得호느니라

今에 一般히 使用ᄒᆞᄂᆞᆫ 種類를 擧ᄒᆞ건ᄃᆡ

一、道德上議論이니　道德要領을 說ᄒᆞ야人의 品性을 感化

矯正ᄒᆞᆷ을 爲主ᄒᆞᄂᆞᆫ 者오

二、事理上議論이니　實務上의 意見 勸告利害得失 等을 說

ᄒᆞᄂᆞᆫ 者오

三、風敎上議論이니　時勢를 論ᄒᆞ며 人物을 評ᄒᆞ야 事蹟과

文化의 由來關係를 明케ᄒᆞᄂᆞᆫ世所謂 史論이 是오

五、文學上議論이니　文學上의 題目에 就ᄒᆞ야 論述ᄒᆞᄂᆞᆫ 者

ㅣ니라

盖一篇의 文章으로 一世를 風化ᄒᆞᆷ興論을 左右ᄒᆞᆷ과 如ᄒᆞᆷ

偉文은 實로 此議論文의 功效에 依ᄒᆞᄂᆞ니 故로 古來로 其 方法

이 頗多ᄒᆞ니 次에 其特著ᄒᆞᆫ 者를 示ᄒᆞ노라

一、直上法과 直下法

議論文
의義意

也、蒼顏白髮、頹乎其間者、太守醉也、而已夕陽在山、人影散
亂、太守歸而賓客從也、樹林陰翳鳴聲上下、遊人去而禽鳥
樂也、然而禽鳥知山林之樂而不知人之樂、人之從太守遊
而樂而不知太守之樂其樂也、醉能同其樂醒能述而文者
太守也、(結)太守謂誰、廬陵歐陽修也。

練習

左의 題目에 就하야 寫生文을 作하라

夕陽의 停車場

秋夕의 靑山

錦江舟行

第三章　議論文

議論文은 事理를 論述하야써 自己의 意見으로 判斷을 付하
야 人으로 此를 了解케하고 且感服케홈을 主하는 文章이니가
장 廣用하는 者ㅣ라

一二〇

（起）環滁皆山也、（進）其西南諸峯林壑尤美、望之蔚然而深秀
者、瑯瑯也、山行六七里漸聞水聲潺々而瀉出于両峯之間
者、釀泉也、峯回路轉有亭翼然臨于泉上者醉翁亭也、作亭
者誰山之僧智僊也、名之者誰太守自謂也、太守與客來飲
于此飲少輒醉而年又最高故自號曰醉翁也、醉翁之意不
在酒、在乎山水之間也、山水之樂得之心而寓之酒也、若夫
日出而林霏開雲歸而巖穴暝晦明變化者、山間之朝暮也、
野芳發而幽香嘉木秀而繁陰、風霜高潔水落而石出者、山
間之四時也、朝而往暮而歸、四時之景不同而樂亦無窮也、
至於負者歌于塗行者休于樹、前者呼後者應、傴僂提携往
來而不絕者、滁人游也、臨溪而漁溪深而魚肥、釀泉而爲酒、
泉冽而酒香、山肴野蔬雜然而前陳者、太守宴也、宴酣之樂、
非絲非竹、射者勝奕者勝、觥籌交錯、起坐而喧嘩者衆賓歡

（流麗）

金剛의 夏

（起）昨夏六月下旬에 金剛에 入ᄒᆞ야 表訓寺東閣에 宿ᄒᆞ니（進）
盖房이 隔一壁ᄒᆞ야ᄂᆞᆫ 華嚴法席이라 夜半에 眼을 醒ᄒᆞ니 鍾聲
ᄭᅪ 鐸聲이 交々히 枕頭를 騷ᄒᆞ더라 黎明에 起ᄒᆞ야 石泉邊에 出
ᄒᆞ니 泉은 石間을 轉ᄒᆞ야 隱々然 谷應山鳴ᄒᆞᄂᆞᆫ 듯ᄒᆞ고
四圍山色은 黑闇淡터니 少焉에 夜色은 泉聲ᄭᅪ 共히 山外에 流
下ᄒᆞ고 曙光이 左右尖峯에 透ᄒᆞ야 一輪朝日이 般若古殿의 金
文字에 映射ᄒᆞ니 不知不覺에 閣上鍾聲이 轟然히 一萬二千峯
을 掀動ᄒᆞ고 如許大伽藍이 忽然히 南無阿彌陀佛聲中에 浮
沈ᄒᆞ더라 旣而오 淸泉을 掬ᄒᆞ야 盥洗而罷ᄒᆞ니 小僮이 朝飯을
供ᄒᆞ늘 喫了ᄒᆞ니 山金剛水金剛이오 宿金剛食金剛이라（結）都
不知俗客이 一夜間에 金剛人을 幻作ᄒᆞᆫ가 ᄒᆞ엿노라

醉翁亭記　　　　　　　　　　歐陽修

〇文例

鶯鶯燒夜香

(流麗)　　　　　　　　　亞歟

(起)夜深香靄散空庭ᄒᆞ대(進)簾幕에束風靜이라拜罷ᄒᆞ고也
斜將曲欄凭ᄒᆞ야長吁兩三聲이로다別開欄檻明月은如圓鏡ᄒᆞ
고又不見輕雲薄霧오(結)都只是香烟人氣兩般兒ㅣ氤氳得不
分明이로다

春郊

(同右)

(起)短山斜麓下에一條溪流가細綠ᄒᆞ야(進)溪邊東角에亞棚
半遮ᄒᆞᆫ間에兩三草屋이現出ᄃᆞ니綠楊林下에牧牛가時
鳴ᄒᆞ고午烟起ᄅᆡ旣而오村婦가饁筐을戴ᄒᆞ고小逕을從ᄒᆞ야
出來ᄒᆞ니童犬과稚子ᄂᆞᆫ或先或後ᄒᆞ야桃花流水小溪頭에行
到ᄒᆞ니(結)溪之西一帶靑牟野에總是布穀聲이러라

實用作文法　下編　文章各論　寫生文　一一七

寫生文

完全히호기爲호야了解를缺케호는事ㅣ有기不可호니라

三, 自家獨創의文体를得홈을務홀지니他人의文体又는旣成

호文体만模倣호奪襲홈은쏘호必要호事ㅣ아니라恒常名家

의文을多讀호며各種의文體에精通호야其長處를學호고

能作能改호야練熟을積호면自然히一種白家獨創的文體

를見홀지니此ㅣ所謂文章의成家ㅣ라作文이此에至호야

始乃完全호者ㅣ라홀지니라

第二章　寫生文

寫生은凡事物의現在景狀을所在디로描寫홈이畵法에物

體의寫生과同호나其要는自然의狀態를觀察호야其風景의

主要部分을寫出호야實際眞境에酷合遍近케홈에在호느니

文章의가장緊要호體裁라雲烟의奇와山水의美와朝曦의光

과夕照의影과如호萬象의變幻은此文體로써描寫홈을爲貴

碑文、墓誌、祭文、吊狀、書誥、制、原、檄等이有ᄒ엿
스니 此等은 一一히 解說ᄒᆞᆯ 必要가 無ᄒ고 玆에ᄂᆞᆫ 다맛 實用上
必要ᄒᆞᆫ 者ᄅᆞᆯ 擧ᄒᆞ건ᄃᆡ 左의 種類가 有ᄒᆞ니라

一、寫生文　　二、議論文　　三、誘說文
四、報告文　　五、送序及書序文　　六、辨駁文
七、祝賀文　　八、吊祭文　　九、金石文
十、傳記文

以上은 文体의 大要와 種類ᄅᆞᆯ 概示ᄒᆞᆷ이라 今에 右의 各種文
体에 通ᄒᆞ야 注意ᄅᆞᆯ 要ᄒᆞᆯ 事項이 如左ᄒᆞ니
一、文体ᄂᆞᆫ 思想에 適應케ᄒᆞᆷ을 要ᄒᆞᄂᆞ니 文体ᄅᆞᆯ 爲ᄒᆞ야 思想을
變改又ᄂᆞᆫ 防害ᄒᆞᆷ은 決코 不可ᄒᆞ니라
二、文体ᄂᆞᆫ 讀者의 了解力에 適應케ᄒᆞᆷ을 要ᄒᆞᄂᆞ니 故로 可及的
易解ᄒᆞᆯ 文体ᄅᆞᆯ 取ᄒᆞ되 或其不可已ᄒᆞᆯ 境遇라도 決코 文体ᄅᆞᆯ

下篇

第一章　文體

文体의定義

文体의種類

文體는文章의作法上體裁를云홈이니文體는文章의性質

을從호야多少相異혼形式이有혼지라故로今에其大体上通

用호는形式의數種을知홀必要가有호니라然이나人의思想

은千變萬化에其極이無혼즉其思想의表現法이된文體도從亦

千差萬別이라如何혼題目에던지必其特定혼文體가常有키

不能호니故로必須其思想과題目에相伴호야相應홈者를適

宜選擇치아니홈이不可호니라

古來朝鮮에셔는科文六體即　詩、賦、表、策、論、疑

義等으로써文體의主要部分을作호엿스며支那에在호야는

其種類가益繁호야　論、策、辨、解、釋義、說、序、引、

記、銘、跋、傳、頌、賛、題名　上書、表、奏疏、箴、

完成

七、大體上으로 文章이 論理上의 誤謬 又는 前後予盾된 處가 無흔가

八、文章이 平易簡單ᄒ야 讀者의게 興味를 覺得케ᄒ기 足흔가

右記諸條를 留意ᄒ야 靜靜冷冷히 恰然히 他人의 文에 對ᄒ 態度心地로셔 此를 照應訂正ᄒ되 細心朗讀ᄒ야 其 流脉의 如何를 考察ᄒ면셔 此를 再三修正ᄒ이 可ᄒ니 夫然後에 百鍊精金과 萬琢美玉의 文章을 可得ᄒ지니라

니古人이文章의修正에如何히用心홈을可知홀지로다

今에修正上着眼호기必要호諸点을擧호면如左호니

一、文字의不足호處가無호가

二、文題에無關係호思想文句가混入되지아니호가

三、二個相容치못홀思想의一部分을混合호야文句를成호處가無호가

四、異語同意되는文句를二個所에疊用된者例如「白호白紙作文을作호다、瓦家靑기와집、말에셔落馬호엿다」호等文句가無호가

五、句法과文字가迂遠호야音調가澁滯호거ᄂ又는意義가明晰치못호處가無호가

六、思想과辭句가共히穩當適切호고且修辭法의要를得호가否호가

如斯히호야一旦題目을定호거든其範圍를堅守호야前述

호諸作法으로描寫호되範圍以外에는縱令妙案好想이有홀

지라도決코此를混雜키不可호니라。題目은元來文章이有

혼後에必要호者오題目을爲호야文章이有홈은아닌즉반다

시題目을豫定혼後에文章을作홀바ー아니라有時로文章을成

혼後에題目을定홈도可호니然이느全文의要点又는主眼

的中心되는性質을失혼漠然無意味혼者는勿用홀지니라

(四) 全文의修正及完成

以上所述혼順序方法에依호야一篇의文章이成호거든更

히其全體와部分을審讀호야不可혼處를改竄增補호야써修

正을加홈이必要호니修正은完成을求호는瑕練法이라作文

의妙는此에서發揮되는者ー니古者에蘇東坡가一赤壁賦를

作홈에許多苦心修正을用호야原稿가數間庫를積호엿다호

題目

是愉快이니何故오一方으로는精力을發揮ㅎ는快樂이有ㅎ고他方으로는轉敗爲勝ㅎ는恢復的希望이有ㅎ所以니라」

(三) 題目의撰擇

文章에는通常으로題目이有ㅎ나니或文題表題라稱ㅎ는者ㅣ라蓋題目은文章中에叙述ㅎ는事項의主要点又는中心되는者인즉假令此文章에는如何ㅎ事를叙述ㅎ며又는論코져ㅎ는者됨을僅少ㅎ語句中에包含集中케ㅎ야一目瞭然ㅎ게其文章의要旨及其書ㅎ바目的을知케ㅎ는者인故로題目의選擇은最히注意를要ㅎ지라

選擇法

題目을選ㅎ에當ㅎ야는第一에我의將述코져ㅎ는大體의趣意에一致되는與否와第二에題目된文句는最히簡明優雅ㅎ야人의注意를惹기易ㅎ者인與否를斟酌ㅎ이可ㅎ니라

結處에는「　」의 符號로써 止케홈도 可하니라

(例)　新年의 感激

德富猪一郎

明治의 齡도 二十有九가 된지라 古人이 三十而立이라 하

엿스니 紹前開後의 業을 其將奈何오

今年도 無事라 思치못홀지니(中略)皇天이 艱險으로써 我

國民의 銕心石膓을 陶冶케하나니 吾人이 엇지 感激하야 天意

를 奉承치아니흠을 得하리요

人生이 不平이 多흔지라 若强히 此에 頓着홀진된 吾人은

生而窮鬼의 羣에 入흘지나 然이나 不如意홀사록 反히 憤奮

激昂하야써 一世를 推倒코즈하는 擔當力이 生흘지니 若悉

皆如意홀진된 人生의 興味는 其索然흠뿐이로다)

戰必勝攻必取는 人生이 更히 如此흔 快活이 焉有하리

오마는 或敗或蹎하는 猶且 健全不撓하고 世를 渡하미 眞

個가集成되야更히大호文章을成호者ㅣ됨을可知홀지니라

段落은元來一定호長短이無호니或二三의文辭가合호야

一段落이되며長호者는數十文辭가合호者ㅣ有호지로되其

義가一部分的으로集成호者는一句或一行이라도段落됨이

可호느若連續散亂호면비록數句數行이라도何等의段落을

成치못홀지니라

作者에依호야는或此段落을全然不用호는者ㅣ有호니古

代文이多히此段落을不明히호엿스느新体文에서는此를用

홈이便利호니一은讀者로호야곰通讀時에其文章의要領所

在處를知케호야作者의意思를明白히홈을得호며又一則文

句의集合되야何處에서지一集호思想임을便覽케호는效가

有호니라段落을用호는形式은其切處에行을更起호야書홈

이通例오又西洋文式에倣호야始点에는一字를低히호고終

其身、思愁其心腸而何自鳴其不幸耶、三子者之命則懸乎

天矣、其在上也奚以喜、其在下也奚以悲（進）東野之役於江

南也、有若不懌然者故、吾道其命於天者以解之。（結）

（二）　構成의段落

一篇의文章을解剖ᄒ야見ᄒ면集合된小部分의思想이多

少集成되야一大思想卽一篇文章을組織ᄒ엿ᄂᆫ니此文章의

組織된小部分을段落이라稱ᄒᄂᆫ者ㅣ라假令某의傳을作ᄒ고

도ᄒ면爲先第一段으로某의父母의事를書ᄒ고第二段으로

某의幼時의事를書ᄒ고第三段으로靑年時代의狀態를記ᄒ

고第四段으로社會에活動ᄒ는事業을記ᄒ고最終段으로其歿

後事를記홀지니如斯히ᄒ면其人의傳記는五段으로組織된

者ㅣ라然이ᄂ文章의全體로브터論ᄒ면段落은其文章의一

部分에不過ᄒ者로디文辭上으로ᄂ一個式集合된文辭의幾

（始見本意）

鳴之善者也、周之衰孔子之徒鳴之、其聲大而遠傳曰天將

以夫子爲木鐸其弗信矣乎、其末也、莊周以其荒唐之辭鳴

於楚楚大國也、其亡也、以屈原鳴、臧孫辰孟軻荀卿以道鳴

者也、楊朱墨翟管夷吾晏嬰老聃申不害韓非慎到田駢鄒

衍尸佼孫武張儀蘇秦之屬皆以其術鳴、秦之興李斯鳴之、

漢之時、司馬遷相如楊雄最其善鳴者也、其下魏晉氏鳴者

不及於古然亦未嘗絕也、就其善鳴者、其聲清以浮、其節數

以急、其辭淫以哀、其志弛以肆、其爲言也亂雜而無章、將天

醜其德莫之顧邪、何爲乎不鳴其善鳴者也、唐之有天下、陳

子昂蘇源明元結李白杜甫李觀皆以其所能鳴、其存而在

下者孟郊東野始以其詩鳴、其高出魏晉、不懈而及於古、其

他浸淫乎漢氏矣、從吾游者李翱張籍其尤也、三者之鳴信

善鳴矣、抑不知天將和其聲而使鳴國家之盛乎、抑將窮餓

(主想)

(追步)

(漸層)

효지니라(結)

送孟東野序

韓文公

大凡物不得其平則鳴、(起)草木之無聲風撓之鳴、水之無聲

風蕩之鳴、其躍也或激之、其趨也或梗之、其沸也或炙之、金

石之無聲或擊之鳴、人之於言也亦然有不得已而後言其

言也有思、其哭也有懷凡出乎口而爲聲者其皆有弗平者

乎、樂也者鬱於中而泄於外者也、擇其善鳴者而假之鳴、

石絲竹匏土革木八者物之善鳴者也、維天之於時也亦然、

擇其善鳴者而假之鳴、是故以鳥鳴春、以雷鳴夏、以蟲鳴秋、

以風鳴冬、四時之相推奪其必有不得其平者乎、其於人也

亦然人聲之精者爲言、文辭之於言又其精者也、尤擇其善

鳴者而假之以鳴、夔弗能以文辭鳴、又自假於韶以鳴、夏之

時五子以其歌鳴、伊尹鳴殷、周公鳴周、凡載於詩書六藝皆

鍊習

（客想）

（散列）

（統括）

호디 足히써 是心을 悅치 못항고 惟父母에게 順항여이 於

心에 快悅항니라

| 鍊習 |

左의 文章의 構造를 論항라

立志論

奇才豪傑의 士가 往往히 著實히 功業을 不建항고 泯滅항
야世를 沒항는者ㅣ多항니 此는 勇의 不足함도 아니오 智
의 不足함도 아니라 特히 立志가 不堅함所以라（起）故로 惟
一의 志를 確立항야 雷霆이 轟擊항고 鼎鑊이 當前항야도
其志를 不變항며 危險이 百至항고 惡魔가 千沮항야도 其
志를 不易항야 死生存亡과 貧賤富貴에 足히 介意함이 無
항고 奮然히 決行항야 長江을 可遏치 못항며
烈火를 可犯치 못홈과 如항然後에야 功業을 可建이니（進）
青年은 智勇이 不足함을 不憂항고 立志가 未確홈을 是懼

推開的

에는비록非常한困難이有하는愈難愈勵하며不屈不撓하야悠悠行路에重疊한難山을奮越하며縱橫한疑雲을劈破하야防害沮遏로도其志를勿變하며嘲笑讒謗으로其氣를勿奪하야磊磊落落히困難을征服하야今日에一步를進하고明日에一層을登하면自然히告成할日이有하리니(統括全文意)噫라忍耐는成功을産하는原素로다

[2] 惟開的은上에叙說한思想에基因하야更히一步를進하야新思想을開하야文章을結하는方法이니例如

鷄鳴而起孳孳爲利者姤之徒也鷄鳴而起孳孳爲善者舜之徒也、

貴가天子에居하야足히써是心을悅치못하며富가四海를有하되足히써是心을悅치못하며帝의二女를妻

三、結束은 文章의 末端에셔 全篇을 收束ᄒᆞᄂᆞᆫ 部分이니 結

束에ᄂᆞᆫ 最히 鍛鍊을 加ᄒᆞ야 力量이 有ᄒᆞ고 且 餘味가 存ᄏᆡᄒᆞᆷ

을 要ᄒᆞᄂᆞ니 全文의 眞意 如何와 文勢의 死活이 係ᄒᆞᆫ바ㅣ라

始言一理ᄒᆞ고 中散爲萬事ᄒᆞ고 末復合爲一理의 要点이니 此

에 在ᄒᆞ니라

結束에 左의 方法이 有ᄒᆞ니

〔1〕、統括的은 上에 叙說ᄒᆞᆫ 思想을 一括ᄒᆞ야 文章을 結束ᄒᆞᄂᆞᆫ 方

法이니 例如

忍耐說

忍耐ᄂᆞᆫ 成功의 母라 弱水도 長流ᄒᆞ면 堅石을 能穿ᄒᆞ고 駿

馬도 輕躁ᄒᆞ면 遲驚를 不及ᄒᆞᄂᆞ니 吾人은 惟一ᄒᆞᆫ 忍耐力

이 有ᄒᆞ여야 功을 可成홀지라 夫 天下의 何事業이던지 魔

戱와 逆境을 遭遇치 아님이 無ᄒᆞ니 惟 其 目的을 旣定ᄒᆞᆫ 後

未可知也（斷）、一旦人有惡噲欲滅戚氏者、時噲出伐燕立命
平勃卽中軍斬之、夫噲之罪未形也、惡之者誠僞未必也、且
高帝之不以一女子斬天下之功臣亦明矣（續）、彼其娶於呂
氏、呂氏之族若產祿輩皆庸才不足邮、獨儕豪傑諸將所不
能制、後世之患無大於此者矣（斷）、夫高帝之視呂后猶醫者
之視毒也、使其毒可以治病而不至於殺人而已、噲死則呂
氏之毒不至於殺人、高帝以爲是足以死而無憂矣（續）、彼
平勃者遺其憂者也、噲之死於惠帝之六年天也、使之尙在
則呂祿不可給太尉不得入北軍矣（斷）、或謂噲於高帝最親
使之尙在、未必與產祿叛、夫韓信黥布盧綰皆南面稱孤而
綰又最爲親幸然及高祖之未崩也、皆相繼以逆誅（殺）、誰謂
百世之後椎埋屠狗之人、見其親戚得爲帝王而不欣然從
之邪（斷）、吾故曰彼平勃者遺其憂者也（續）

之所爲、曉然如目見其事而爲之者、蓋高帝之智明於而大

而暗於小至於此而後見也(續木強之人)、帝常語呂后曰周

勃重厚少文然安劉氏者必勃也可令爲太尉(斷)方是時劉

氏安矣勃又將誰安耶故吾之意曰高帝之以大尉屬勃也

知有呂氏之禍也(續安劉氏)雖然其不去呂后何也、勢不可

也(斷)。晉者武王沒成王幼而三監叛、帝意後將相大臣

及諸侯王有如武庚祿父而無有以制之也、獨計以爲家有

主毋而豪奴悍婢不敢與弱子抗呂氏佐帝定天下爲諸將

大臣素所畏服獨此可以鎮壓其邪心以待嗣子之壯故不

去呂后者爲惠帝計也(續勢不可也)、呂后既不可去故削其

黨以損其權使雖有變而天下不搖、是故以樊噲之功一旦

逐欲斬之而無疑、嗚呼豈獨於噲不仁邪、且噲與帝偕起拔

城陷陣功爲不少、方亞父嗾項莊時、微噲譙羽則漢之爲漢

가畢竟國破身亡ᄒᆞ니不智ᄒᆞᆫ者라ᄒᆞᄂᆞᆫ(搞)然이ᄂᆞᆫ當時에

秦兵이朝暮에易水를渡ᄒᆞᆯ지라ᄉᆞᆺ假에德을修ᄒᆞᅣ徐徐

히圖ᄒᆞ리오(繼)

[5] 斷續法은一起端下에文句를進行ᄒᆞᆯ시一旦其語法을切斷

ᄒᆞᅣ他의修辭法을用ᄒᆞ다가斷而復續ᄒᆞᅣ又他의修辭法

을用ᄒᆞ며或은他의進行法을用ᄒᆞᄂᆞᆫ等斷而續而斷으로

全篇을進行ᄒᆞᅣᄂᆞᆫ終末에至ᄒᆞᅣᄂᆞᆫ各文句ᄂᆞᆫ相斷ᄒᆞ얏ᄉᆞᄂ

大體上全文은繼續意者를成ᄒᆞᄂᆞᆫ方法이니例如

高祖論

蘇老泉

漢高祖挾數用術以制一時之利害,不如陳平,揣摩天下之

勢擧指搖目以劫制項羽不如張良,微此二人則天下不歸

漢而高帝乃本强之人而止耳(斷)然天下已定,後世子孫之

計陳平張良之所不及則高帝嘗先爲之規畵處置,使後世

擒縱法

成功을得ᄒᆞ엿스리오(抑)然이ᄂᆞ其時에沛公이아니면此

輩策士雄男을奮起ᄒᆞ기不能ᄒᆞ며駁用기不能ᄒᆞ지라(揚)

簾外溪山이好則好矣ᄂᆞ(揚)桃花流水와彩雲落照가無ᄒᆞ

면只是岳然相對而已다何等의趣味가有ᄒᆞ리오(揚)然이

ᄂᆞ彼兩岸春色의灼灼如流ᄒᆞ과夕陽雲烟의奇形幻態도

溪山이아니면眞影을發ᄒᆞ기不可ᄒᆞ며溪山이아니면妙容

을現기不能ᄒᆞᄂᆞ然則此佳景은皆是溪山의倂有ᄒᆞ바

ㅣ라(揚)

[4] 擒縱法

擒縱法은專히人事上論評討究等에用ᄒᆞᄂᆞ니語法이忽擒

忽縱ᄒᆞ며旣擒又縱ᄒᆞ야一擒에殆히更生의餘地가窮ᄒᆞ다

가翻然一縱ᄒᆞᄂᆞ進行法이니例如

或曰丹이德政을修ᄒᆞ고武備를具ᄒᆞ엿스면强秦을可敵

ᄒᆞ지어늘举爾히匹夫의力을逞ᄒᆞ야虎狼의威를抗ᄒᆞ다

（散四列）盖是는人情의常을不得한者인가（散五列）抑亦常
情의中에至極한常情의反感이有한인가（散六列）事ㅣ此
에到하야는吾人의感想을難定한者ㅣ多하도다。

[3] 抑揚法은事의自然에關함과人事에關함을不問하고一次
揚하엿다가抑하고抑하엿다가揚함이니盖其用法은欲
抑先揚하고欲揚先抑하느니例如逐鹿中原에八年風塵
을經하야漢家四千年基業을建하고嬴泰의苛政을一掃
하야人民을安泰에保함은此皆劉沛公의功이니其偉名
을得함이寶로偶然치아니토다（揚）然而沛公은亦一無能
흔匹夫ㅣ라籌를帷幄中에서運하야千里之外에決勝함
은子房만不如하고戰必勝攻必取는韓信만不如하며
粮餉度를은蕭何만不如하니此는皆當時經綸之士와奮
鬪男兒의手로從하야成立호바ㅣ라匹夫가何等偉功을

118

散列的
進行

奇哉라 木覓山의 暮景이여(主想 的 起端以 下追步進行홈)

夕陽이 西下홈에 滿山에 雲烟이 薄暗호고(追一步)西日이

更傾에 山容이 紫淡호고(追二步)更傾에 山頂이 蒼黃然漸

遠타가(追三步)旣而日沒에 儼然히 高容이 忽然히 黑沉沉호

고只聞松間啼鳥의 兩三聲而已(追四步)라 云云

[2]
散列的은 一定호 順序가 無호고 一時에 散伍并列로 叙述홈

이니 例如

得을 好호고 失을 惡홈은 物의 常情이라(主想 的 起端)(以下

并列而散列進行)父ㅣ子를 得호야는 笑호고 子ㅣ父를 失

호야는 哭호며(散一列)夫ㅣ妻를 得호야는 笑호고 妻ㅣ夫

를 失호야는 哭호느니라(散二列)然이는 世에는 父ㅣ子를

得호되 哭호고 子ㅣ父를 失호되 笑호며(散三列)夫ㅣ妻를

得호되 哭호고 妻ㅣ夫를 失호되 笑호는 者ㅣ不無호니

追步的
進行的

參乎吾道一以貫之（特定）

試看ᄒᆞ라今日의世界ᄂᆞᆫ奮鬥的이아닌가進化的이아닌

가云云（不特定）

思ᄒᆞ지어다人生成功의要路ᄂᆞᆫ智巧에不在ᄒᆞ고立志와

忍耐에在홈이라云云（不特定）

願컨디人은私意로써天理를廢홈이無케코즈ᄒᆞ노니云云（不特定）

二、進行은文章이旣히起端된次에繼續ᄒᆞ야敍述의步를進홈이니起端의語意를附演ᄒᆞ며說明ᄒᆞ야擴張開展ᄒᆞ야變化萬端의手段을用홈은正히此進行中에在ᄒᆞ니라

進行에ᄂᆞᆫ左의方法이有ᄒᆞ니

[1] 追步的은一端으로브터他端으로向ᄒᆞ야層層히階級과順序를追ᄒᆞ야進行ᄒᆞᄂᆞ니例如

喚醒法

[로]파셔방님게셔붓치신편지오닛가(客問)

[부]아닐셰(客答)

[로]그러면부산셔쥬사ᄂ리게셔ᄒ신편지오닛ᄀ(客問)

[부]아니(客答)

[로]예그어서말슴좀ᄂ이연이ᄒ여쥼시오(客問)

[부]글시ᄂ쳐음보ᄂ글시일셰(客答)

[6]

喚醒法은起頭에他人을喚起警醒ᄒᄂ文句ᄅ提出홈이니

其喚醒은某特定ᄒ人에對홈과不特定ᄒ人(一般人)에對ᄒ

二種이有ᄒ지라例如

君은不見ᄒᄂ가彼洛東江水ᄂ逝者如斯ᄒ야不舍晝夜

ᄒ고맛ᄎᄂ海에到ᄒᄂ니云云(特定)

請건딕公은目下의急務로써將來의大計ᄅ誤치말지어

다云云(特定)

答ㅎ눈者도有ㅎ고客이問ㅎ며客이苔ㅎ고作者눈傍觀傍

聽又눈助論批評者의地位에在ㅎ눈者도有ㅎ니例如

今爲修養之士捨爲己之道而取爲人之學則可乎(自問)曰否

(自苔)云云

余嘗謂法律非特以折訟亦所以止訟也何者(或用何也,何則,何

때等句)(自問)人之相訟由不自辨其曲直不直自辨其曲直由

不知法律也(自答)

競爭이可ㅎ냐不可ㅎ도有ㅎ니라(自答)云云

或이余에게問ㅎ야曰云云(客問)ㅎ거늘余苔曰云云(作者苔)

로파가편지를바다셔부인게드리니부인이그편지를들고

것봉슨거슬보더니쌍작놀라셔의심을흔다(作者傍聽)

「로파」앗씨무엇을그리ㅎ심닛가(客問)

「부인」용감아니잇게(客苔)

問答提 起法	兩柱分 應法

兩柱分應法

〔五〕智와 不智가 學과 不學에 在ᄒᆞ도다(左右合)

〔四〕智識이 縮ᄒᆞ면 智者는 反愚오 愚者는 益愚ᄒᆞᆯ지니(右關 二)

〔二〕不學ᄒᆞ면 智識이 縮ᄒᆞᄂᆞ니(右關 一)

〔一〕夫蒸溜ᄅᆞᆯ 利用ᄒᆞ야 幾千里ᄅᆞᆯ 一日에 行ᄒᆞᆷ도 能爲라ᄒᆞ면

兩柱分應法은 文中大意ᄅᆞᆯ 總括ᄒᆞ야 左右兩柱로 分立ᄒᆞ고 其下에 合ᄒᆞ야 更히 兩柱ᄅᆞᆯ 分應ᄒᆞ야 起首ᄒᆞᄂᆞᆫ 法이니 例如

能爲ᄒᆞ고(左柱)

〔三〕故로 天下의 事ᄂᆞᆫ(左右合)

〔四〕能爲에 成ᄒᆞ고(左二)

〔五〕不能爲에 敗ᄒᆞᄂᆞ니라(右二)

〔二〕不能爲이라면 不能이니(右柱)

問答提起法

〔5〕問答提起法은 一問一答ᄒᆞᄂᆞᆫ 形式으로 提頭ᄒᆞᄂᆞᆫ 法이니 此

〔二〕長者ᄅᆞᆯ 爲ᄒᆞ야 校ᄅᆞᆯ 折ᄒᆞᆷ도 不能이라면 不能이니(右柱)

에ᄂᆞᆫ 作者가 自問自答ᄒᆞᄂᆞᆫ 者도 有ᄒᆞ고 客이 問ᄒᆞ고 作者가

左margin: 實用作文法　上編　文章通論　構成法　　九一

〔2〕客想的 起端法은 本文의 意味에 對한 客觀的 思想으로써 摛

出홈이니 例如

釣者ㅣ貢魚ㅣ라 魚何貢於釣며 獵者ㅣ貢獸라 獸何貢於獵

이리오 (客想的 起端)　莊公이 貢叔段이라 叔段이 何貢於莊公

이리오 (本文意) 云云

〔3〕雙關法은 二個事項을 幷列하야 左右關門의 勢를 成하고 次

에 此左右를 合勢하는者ㅣ니 例如

鸚鵡能言하나 不離飛鳥猩猩能言하나 不離禽獸(客想)今人而無禮雖

能言不亦禽獸之心乎(本文意)夫惟禽獸無禮故父子聚麀是

故聖人作爲禮以敎人使人以有禮知自別於禽獸。

詩云鳶飛戾天魚躍于淵(客想)言其上下察也云云

〔一〕學하면知識이進하는者ㅣ니 (左關一)

〔三〕知識이進하면愚者可智오智者益智호지오 (左關二)

主想的
起端

〔1〕主想的 起端法은 本文의 主體 되는 思想의 要領을 冠出함이니

例如

愛梅說에

物의 可愛흔者는 花오 花의 可愛흔者는 梅로다

喜雨亭記에

亭以雨名은 志喜也ㅣ라

出師表에

今天下三分에 益州疲弊ᄒᆞ니 此誠危急存亡之秋也ㅣ라

祭某公文에

維年月日에 某ㅣ菲薄의 奠을 具ᄒᆞ야 某公靈几下에 祭ᄒᆞ노

니

中庸에

大哉聖人之道洋洋乎發育萬物峻極于天

近호되獨梅花는濃호고도不俗호며艶호고도不妖호
느니(承)世人은桃李와牧丹을愛호나余는獨히梅花의
嚴寒을凌호고雪中에立호야其容이高潔호고其香이
淸遠홈을愛호노라(舖)嗚呼라桃李는花의小人이오牧
丹은花의富貴者오梅花는花의高士라世에桃李와牧
丹을愛호는者는衆호려니와梅를愛홈이余와同혼者
一幾人인고(結)

然이느新體文章에셔는此를起頭,進行,結束의三部分으로
區別홈이反히明確호니左에此를詳說호노라

一、起端은文章의起首에提出호는部分이니起首는爲先讀者
의注意를惹起호기易호고且明快혼文辭를用홈이可호고其
思想은全篇의大意를約호야冠出홈을要호느니라

其提出호는形式的方法에左의各種이有호니

<table>
<tr><td>外形
部分</td></tr>
</table>

호고 淸香이 馥郁호야 人의 鼻를 撲호며 果實은 此를 梅實이라 又

눈 梅干이라 호야 貯藏호얏다가 食用又눈 藥用에 供호눈니

라 抑梅눈 嚴冬에도 能히 不屈호고 百花에 先호야 蕾를 破호

며 且 其氣品이 高潔홈으로 世人이 多愛호니 朝鮮에서눈 湖

南의 綾羅州와 嶺東의 高杆城이 其名産地니라

第二、外形의 構成

(一) 構成의 部分

文章의 外形上 構成은 其 結構의 形式을 云홈이니 古來로 文章은 起、承、舖、結의 四部分으로 構成호다호야 諸般文章에 廣用호니 例如

愛梅說

物의 可愛홀者눈 花오 花의 可愛홀者눈 梅로다(起)彼桃李눈 濃기눈 濃호나 俗에 近호고 牧丹은 艶기눈 艶호나 妖에

想만收集ᄒ면可ᄒ듯ᄒᄂᆫ畢竟은文章을成ᄒᆯ準備인즉須

其取用ᄒᆯ文句의如何ᄒ지思考ᄒᆫ然後에始로執筆臨紙에

如意히書成ᄒᆷ을得ᄒ지니라

丁、全思想의統一

以上에文題의考案이成ᄒ고事項을排列ᄒ고文句를撰擇

ᄒ야終了ᄒ면玆에ᄂᆫ更히其片片ᄒ思想文句를一括ᄒ야

統合ᄒ야思想을成ᄒᆷ이必要ᄒ니蓋文章의完全ᄒ方法으로

作ᄒᆷ에ᄂᆫ各種의修辭法及外形的描寫法을由ᄒᆷ이可ᄒ지

ᄂᆫ玆에ᄂᆫ爲先前述ᄒ順序의事項되로書示ᄒ면左와如히

될지니라

梅

「梅ᄂᆫ薔薇科에屬ᄒ니早春二月에花를開ᄒ고六月에至ᄒ

야實을結ᄒᄂᆫ니라花ᄂᆫ五瓣이오色에ᄂᆫ紅黃白三種이有

文詞

〔一〕植物學上의種屬
〔二〕開花의時期
〔三〕結實의時期
〔四〕花의形狀
〔五〕花의種類
〔六〕花의香氣
〔七〕果實의用途
〔八〕人이賞玩ᄒᆞᄂᆞᆫ理由
〔九〕朝鮮의名産地

丙、文句의撰擇及修飾

乙과 如히 事項을 排列ᄒᆞᆫ즉 此를 如何ᄒᆞᆫ 文字로 書ᄒᆞ여야 最

히 他人을 了解케ᄒᆞ기 易ᄒᆞ고 且 感動을 強케ᄒᆞᆯ가 又其文句

ᄂᆞᆫ 如何히 修飾ᄒᆞ여야 可ᄒᆞᆯ가 思考ᄒᆞ이 可ᄒᆞ니 盖構想은 思

如左하니

[一] 何時에 花가 開하고 何時에 實을 結하는가

[二] 花는 香氣가 有한가 如何하고

[三] 實은 如何히 用하는고

[四] 植物學上 何種에 屬하는고

[五] 何處가 梅의 名産地인고

[六] 人이 何故로 此를 愛하는가

乙, 事項의 排列

既히 文題에 就하야 考案을 成하면 其 項目은 如何히 順序로 排列하여야 讀者의 腦裏에 混亂치 아니하고 適當明白하게 了解될가 함을 思考이니 其 排列하는 順序에는 文章의 體裁와 境遇를 隨하야 不同할지로디 大概 左와 如히 하면 普通으로 了解케 易하고 且 簡明할지니라

文題

니호고所在디로表出홀지라도描寫의順序、文句의選擇如何
에依호야思想을顯호는巧拙이有호거든況此로文章을作코
즈홈이리오故로最初下筆호기前에必須其思想을收集호야
如何히描寫홀바룰準備치아니홈이不可호니彼自初로胷中
如一点想이無호고徒히筆習의所之에任호야橫竪說出호쪽
에호者는何等의文章을成치못홀지며且作者ㅣ此弊가若有
홀진딕文章은決코進步되지못홀지니故로一文章을作코즈
호면必先其思想을收集綱羅호야考案을成혼後에文辭가筆
을隨호야出케홈이可호니今에一例룰擧호건딕「梅」라호는題
로一文章을作코즈호면爲先左의四個順序룰由호야思想을
構成홀지니라

甲、文題의考案

文題된梅에對호야思念의想出호는디로此룰考案호면卽

[1] 修辭法은 作文上에 何等의 必要가 有호뇨

[2] 修辭法에 何等 要具가 有호뇨

[3] 文章의 明晰與否를 鑑호는 方法을 問호노라

[4] 雄健體의 自然에 關호 者는 如何호 者인고 文例를 擧호야 說明호라

[5] 文章의 情緒有無 及 流麗體와 關係를 說호라

第三章 構成法

前章에는 文章의 修飾에 關호 大要를 說호얏스니 學者는 修辭의 要意를 槪知홀지라 玆에는 更히 文章의 作法卽構成에 關호 方法을 述호노라

第一、 內容의 構成

內容의 構成卽構想은 思想을 收集호야 文章을 作홀準備를 成호는 者ㅣ니 假令所見所聞所思를 表홈에 少許도 用意치아

鍊習

流ᄒ야 精神이 無ᄒ고 元氣가 乏ᄒ 文章을 成ᄒᆯ지니 此缺

点 有無를 省察ᄒᆯ事

二、流麗文을 畫코즈ᄒ면 先히 自己가 美感에 激ᄒ야 스스로

肺腑中으로브터 流露ᄒ이아니어든 下筆치아니ᄒᆯ事

三、絕對的으로 麤粗ᄒ 語句의 混入을 避ᄒ고 文題에도 凶惡

猥險又ᄂᆫ 殺風景인者를 避ᄒᆯ事

鍊習

左의 文題에 就ᄒ야 流麗軆의 文章을 作ᄒ라

[1] 故鄕의 秋、

[2] 漁村 夏日、

[3] 我의 極樂極哀、

[4] 舊師를 追慕ᄒᆷ、

[5] 寒食日에 亡兄의 墓를 省ᄒᆷ

左의 疑問을 解答ᄒ라

公을爲ᄒ야哭ᄒ노니公은知ᄒᄂ가否ᄒᄂ가靈其有知

ᆫ된庶幾來格이니嗚呼哀哉라尙饗

(評)此篇은品格이頗高ᄒ고情緖가有ᄒ며且雄健에稍

近ᄒ야浮華에流치아니ᄒ니適好ᄒ流麗體의文例ㅣ

니라

淋漓紅袖淹情淚ᄒ니知你的靑衫이更濕이라伯勞束去

驚西飛ᄒ니未登程ᄒ야先問歸期로다分明眼底人千里

오己過樽前酒一杯라我ㅣ未飮心先醉ᄒ니眼中流血ᄒ

고心內成灰로다

(評)右ᄂ西廂記中送詞一節이니離情別淚의紙面에流

麗ᄒ을可知로다

玆에作法上注意를要ᄒ者ᄂ

一、此體ᄂ徒히綺麗粉飾을事ᄒ진뒤纖巧에陷ᄒ며浮靡에

134

祭某公文

維年月日에 某ㅣ 菲薄의 奠을 具ᄒ야 某公靈几下에 祭ᄒ
노니 嗚呼哀哉라 公이 此에 遽至ᄒ얏는가 進ᄒ이 義勇이
一世를 風靡ᄒ고 退ᄒ이 氣節이 百代를 激勵ᄒ者ㅣ 公이
아닌가 竹帛丹靑에 赫赫ᄒ 光榮을 垂ᄒ者ㅣ 公이아닌가
其生ᄒ에 軒昂磊落ᄒ야 百折不屈ᄒ엿거ᄂ 其死ᄒ에 엇
지 雲散電滅ᄒ야 漸盡流逝ᄒ而已리오 意컨디 其昭昭高
潔ᄒ 精神이 星辰을 駕ᄒ고 天門에 入ᄒ야 日月과 幷存ᄒ
진뎌 不然ᄒ면 其果敢英毅의 氣가 聳ᄒ야 山岳이 되고 流
ᄒ여 江河가 되고 發ᄒ야 雷霆風雨가 되야 虎豹를 驅ᄒ며
鬼神을 役ᄒ야 後生을 助ᄒ진뎌 然이ᄂ 英靈이 果然有ᄒ
가 無ᄒ가 凡市巷의 尋常男女도 猶皆公의 德義를 慕ᄒ야
奔走號泣거든 况知遇를 被ᄒ고 訓誨를 承ᄒ者리오 今에

於敗軍之際奉命於危難之間、爾來二十有一年矣、先帝知

臣謹慎故臨崩寄臣以大事也、受命以來夙夜憂嘆恐付託

不效以傷先帝之明故、五月渡瀘深入不毛、今南方已定兵

甲已足當獎率三軍北定中原、庶竭駑鈍攘除姦兇興復漢

室還于舊都、此臣所以報先帝而忠陛下之職分也、至於斟

酌損益進盡忠言則攸之禕允之任也、願陛下託臣以討賊

興復之效不效則治臣之罪以告先帝之靈、責攸之禕允等

之咎以彰其慢、陛下亦宜自謀、以諮取善道察訥雅言深追

先帝遺詔臣不勝受恩感激、今當遠離、臨表涕泣不知所云。

(評)句句是誠意衷情이라出師一表가知是武侯의心血

이流溢흠이니古人이出師表를讀ᄒ고淚가無ᄒ者는

忠臣이아니라ᄒ니宜哉라學者ㅣ於此에愈益히流麗

의極致를見ᄒᆯ지로다

姦犯科及爲忠善者、宜付有司論其刑賞、以昭陛下平明之
理、不宜偏私、使內外異法也、侍中侍郎郭攸之費禕董允等
此皆良實、志慮忠純、是以先帝簡拔以遺陛下、愚以爲宮中
之事、事無大小、悉以咨之、然後施行、必能裨補闕漏、有所廣
益、將軍向寵、性行淑均、曉暢軍事、試用於昔日、先帝稱之曰
能、是以衆議舉寵以爲督、愚以爲營中之事、事無大小、悉以咨
之、必能使行陣和睦、優劣得所也、親賢臣遠小人、此先漢所
以興隆也、親小人遠賢臣、此後漢所以傾頹也、先帝在時、每
與臣論此事、未嘗不歎息痛恨於桓靈也、侍中尙書長史參
軍此悉貞亮死節之臣、願陛下親之信之、則漢室之隆可計
日而待也。臣本布衣、躬耕南陽、苟全性命於亂世、不求聞達
於諸侯、先帝不以臣卑鄙、猥自枉屈、三顧臣於草廬之中、咨
臣以當世之事、由是感激、遂許先帝以驅馳、後值傾覆、受任

人事에 關한 者

이라

幽閑優美의 感念을 起하는 人事上原因은 君臣、父子、兄弟、師
友等에 對하야 敬愛思慕의 情을 動케하며 又는 生離死別等에
當하야 憂愁悲哀의 念을 生하는 境遇等이니 左文에 就하야 大
意를 窺할지라

○文例

前出師表　　　　　　　　　　諸葛亮

先帝創業未半而中道崩殂、今天下三分、益州疲弊、此誠危
急存亡之秋也、然侍衛之臣不懈於內、忠志之士忘身於外
者、蓋追先帝之殊遇欲報之於陛下也、誠宜開張聖聽以光
先帝遺德恢弘志士之氣、不宜妄自菲薄引喩失義以塞忠
諫之路也、宮中府中俱爲一體、陟罰臧否不宜異同、若有作

雉岳山

菊初

치악산놉흔곳에셔션을흔가을바람이이러느더니그바
람이슬슬도라셔귀짓고다듬이방망이소리나는단구역
말로드러간다

달붉고이슬차고벗장이우는쳥냥흔밤이라소소흔바람
에셔두셰방울찬이슬이뚝々써러지며오동아릭단장우
에셔기와훈장이쳘석써러진다

달은오동나무그림자롤싯으러다가홍참의집건넌방동
창미다지에드렷는디션을흔바람이오동그림자로활동
사진을놀리더라

(評)碧梧桐蕭瑟흔秋月夜에洪家少婦의無限흔愁思를
盡收흥야語句가淸麗艶美흥고光澤이如流흔好文範

曰十日不雨則無禾、無麥無歲且荐饑、獄訟繁興而盜賊

滋熾則、吾與二三子雖欲優游以樂於此亭、其可得耶、今天

不遺斯民、始旱而賜之以雨、使吾與二三子得相與優遊以

樂於此亭者皆雨之賜也、其又可忘耶、旣以名亭、又從而歌

之曰、使天而雨珠寒者不得以爲襦、使天而雨玉飢者不得

以爲粟、一雨三日伊誰之力、民曰太守、太守不有、歸之天子、

天子曰不然、歸之造物、造物不自以爲功、歸之太空、太空冥

冥不可得而名、吾以名吾亭。

(評)此篇은語義가明晰ㅎ고文章은品格이高雅ㅎ며調

子가適好ㅎ고趣味가滿幅ㅎ야讀者로ㅎ야곰一雨의

如何히歡喜홈과此亭의如何히慶重홈을同情을表케ㅎ

기足ㅎ고且稍히雄健을加味ㅎ야極히流麗ㅎ고도浮

華에不失ㅎ엿스니實로今古文章中好模範이니라

140

（評）志賀博士의 此篇은 簡明히고 優美閑雅히야 山에關
혼 一切美觀을 描寫홈이 殆히 遺憾이 無히니 全文이 流
麗의 極혼者ㅣ로다.

喜雨亭記

蘇東坡

亭以雨名志喜也。古者有喜卽以名物示不忘也。周公得禾
以名其書漢武得鼎以名其年、叔孫勝敵以名其子、其喜之
大小不齊、其示不忘一也。予至扶風之明年、始治官舍、爲亭
於堂之北而鑿池其南、引流種樹以爲休息之所、是歲之春
雨麥於岐山之陽、其占爲有年、旣而彌月不雨、民方以爲憂、
越三日乙卯乃雨、甲子又雨、民以爲未足、丁卯大雨三日乃
止、官吏相與慶於庭、商賈相與歌於市、農夫相與拜於野、憂
者以樂病者以喜、而吾亭適成於是擧酒於亭上以屬客而
告之曰、五日不雨可乎曰五日不雨則無麥、十日不雨可乎

ᄒ야其奇態怪狀을現出ᄒ도다

要컨디水의美、水의奇ᄂ山을逢ᄒ야始乃大成ᄒ고岩

의奇ᄂ水를待ᄒ야此를完成ᄒᄂ니라

〔三〕

平面世界에在ᄒ花木은스스로平面世界의感化를受

ᄒ며人類의手에成長ᄒᄂ故로豪健磊落치못ᄒ고畢竟

다맛艶을競ᄒ며媚를呈홈에不過홀ᄲᅮᆫ이로디

山中의花木에至ᄒ야ᄂ不然ᄒ야自然히成長ᄒ야人

類以外에獨立홀ᄲ아니라風餐雨虐ᄒ야或은土壤을剝

觸ᄒ며或은岩石에壓抑되ᄂ故로能히其落落ᄒ趣味와

豪健ᄒ氣像을發揮ᄒᄂ도다

要컨디山中의花木은磊落ᄒ며豪健ᄒ지라花木의妙

所를大悟코ᄌᄒ면ᄯᅩᄒ山에入치아니홈이不可ᄒ니라

集호고 獨山頂이 峭然히 半空에 屹立홈은 莊嚴혼 氣가 此

에 至호야 可히 侵치 못홈을 見홀지로다.

要컨딘 山은 雲을 得호고 雲은 山을 逢호야 始로 其 大를

涵發호느니라

[二.]

水가 山에 在호야 其美가 益美호고 其奇益奇호느니 平

面世界에 在호야 見得치 못홀 水의 趣는 山에 在호야 始 乃

此를 認得홀지로다

水의 最히 晶明혼 者, 最히 平和혼 者, 最히 激烈혼 者는 山

陰의 瀑沛가 此를 盡혼 者ㅣ며 水의 最히 淸冽혼 者, 最히 可

愛호는 者는 山間의 溪流가 實로 此를 盡혼 者ㅣ아닌가

凡水의 睡호며 怒호며 笑호는 趣는 山에 入홈이아니면

此를 見기不可호며 且岩은 水를 承호야 緣潤호고 水에 齧

○文例

山의 美

〔一〕

志賀重昂

唐人이 岩을 雲根이라 하니 有趣하도다 言이여 雲이 本
是 山에셔 出하고 山은 雲을 得하야 其美를 益加하며 其大
를 愈添하도다

今에 山前에 立하야 其 山態雲容의 變幻無極함을 試看
하라 始也에 縷縷藕絲와 如한 雲이 徐히 山의 腹背를 曳
함에 彼神女의 羅裳을 織함도 猶以其靖艶한 趣를 盡기不
足하며 忽然히 雲이 往來急急하야 澎湃한 天을 卷함에 山
은 其間에 或湧或沒하며 或浮或沉하야 彼洋洋한 大海上
에 點點한 島嶼의 羅列함도도 此趣에 比기不足하며 俄
而오 空氣의 運動이 靜穩함에 雲은 漸漸下降하야 山腹에

自然的

以上所述에 依호야 文章에 關호 流麗의 槪念을 得호얏슬지
라 故로 更히 流麗體의 文章及感念作法注意等을 示호노라
流麗體의 文章은 優美閑雅호고 靜平溫和호 感을 起케호는
者―나 此等感念은 或艶麗호 觀에 由호야 生호며 或淸幽호 趣
에 由호야 生호며 或愛慕의 心에 由호야 生호며 或悲哀의 情에
由호야 生호야 其例가 不一호나니 此를 區別호면 左의 二種이 有
호니라

自然에 關호 者

自然의 現象은 極히 流麗에 富호나니 彼百花의 灼灼호과 霜葉
의 燦爛호과 烟霞의 靉靆호과 月影의 婆娑과 細雨의 霏霏
과 白雪의 紛紛호는 等皆是優美홀 極호 者―며 且夫孤村의 寥
寥호며 山寺의 寂寂홈도 또호 幽淸靜平호 者―나 擄히 流麗感
念의 種子아님이 無호나라

讀書에 小數의 書籍을 精讀ᄒᆞ는 者ㅣ 有ᄒᆞ고 多數ᄒᆞᆫ 書籍을

粗讀ᄒᆞ는 者ㅣ 有ᄒᆞ니 此ᄂᆞᆫ 各其 趣味에 因ᄒᆞᆷ이로ᄃᆡ 槪言ᄒᆞ

면 多讀ᄒᆞ고 智識을 普通的으로 吸收ᄒᆞᆷ이 必要ᄒᆞ니 靑年은

偏癖기 不可ᄒᆞᆫ 즉 須 其 智識을 豐富히 ᄒᆞ고 多趣味케 ᄒᆞᆯ지니

此ᄂᆞᆫ 讀書에 對ᄒᆞ야 愛着心과 慾求心을 付ᄒᆞᆷ에 在ᄒᆞ니라

「乙」世에 財貨로써 身을 禍害케 ᄒᆞᄂᆞᆫ 者ㅣ 有ᄒᆞ니 是ᄂᆞᆫ 一身을

財貨에 輕視ᄒᆞᆷ인뎌 又 人이 有ᄒᆞ야 酒池肉林을 日 追ᄒᆞ야 名

聲을 損害ᄒᆞ니 噫라 彼ᄂᆞᆫ 何故로 如此히 可憐ᄒᆞ도다 何故

로 如是히 身命을 禍ᄒᆞ고 名譽를 損ᄒᆞ고 不知ᄒᆞᄂᆞᆫ고

右 兩文章을 比ᄒᆞᆫ뒤 「甲」은 「乙」보다 趣味가 津津ᄒᆞ되 「乙」은 乾

澁ᄒᆞ 死句가 多ᄒᆞ야 少許도 趣味가 無ᄒᆞ고 讀者로 厭惡의 念을

起케ᄒᆞᄂᆞᆫ 者ㅣ라

(五) 流麗体

趣味

自己의理想을服從ㅎ야他人의成功함을見ㅎ는時

久年持病을一劑良藥으로快治ㅎ야頓然히完甦한時

偶然農閑에烟竹一喫ㅎ고花陰下에서兒孫을弄ㅎ는時

　(四)　趣味

趣味는文章을讀함에大히興味를感ㅎ야不倦不厭함을云

함이니更言ㅎ면文章이活現ㅎ야疲弊한處가無한者ㅣ니라

(例)[甲]讀書에一樣이有ㅎ니必要를爲ㅎ야讀ㅎ는事ㅣ有ㅎ고

娛樂을爲ㅎ야讀ㅎ는事ㅣ有ㅎ니라人生도亦動物이라徒

히論理的에生活ㅎ며單히物質的에生活기不能혼즉娛樂

을爲ㅎ는讀書도亦精神休養을爲홈이라無妨ㅎ니라

書籍에도三種이有ㅎ니有益한書ㅣ有

ㅎ며有害한書ㅣ有ㅎ니有益한書는須히可讀이오無益한

書는不如不讀이오有害혼書는弃之可也ㅣ니라

結婚期成ㅎ야旭日是朝에花婿花娘의情

連月長霖餘에晴天白日을仰見ㅎ는時

多年異邦에苦鬥ㅎ다가大成功을抱ㅎ고故鄉에歸ㅎ는情

七八歲小兒子女가把袖相率ㅎ야呼父呼母ㅎ는情

農功告畢에亞其乘屋ㅎ고溫突이正好흔뒤老妻의家釀에

微醉ㅎ야兒子讀書之聲을靜聽ㅎ는時

오리님지아녀ㅎ든칙을니여놋코從容히보다가칙장속에

맛츰명다운친구, 묵은편지인것을펼쳐보고십년이느넷

젹닐을지금다시싱각ㅎ눈씨

多情少婦의十餘年後에親庭에歸寧ㅎ야母親兄弟의歡迎

을受ㅎ는時

海外에留學타가優等으로卒業ㅎ고親家에上書를草ㅎ는

時

喜觀

에셔 역류호여 올나 가면 평양북문불거시니 이몸이 썩드리
도 되 동강에셔 썩어지고 물아부탁호즈 느 느녀를 좃차 간다
호 눈소리에 바다 물은 되답 호 눈 듯 이 물소 리가 소 슈 쳐 셔 쳔
호 며 다물소리속에 잇는 것 갓 호 지 라　（血의 淚）

其二、懽喜的

懽喜의情을寫出호야能히讀者를懽然히樂케호고愉然히
悅케홈은容易치아니호니此ー喜悅의情은悲哀의情보다人
을動케難혼所以니라然이나可及的眞情에逼近혼者를天然
的으로書호면또혼人의同情을得홀지니左에眞情의湧出되
눈境遇를例示호노라

（例）昭代元朝에父母、兄弟、姉妹、妻子의一室에團欒호눈情
愁慮重疊호야苦惱히難決호든事業의一朝에圓滿히完成
혼時

ᄒᆞ면셔눈물이비오듯ᄒᆞ다가혼참진정ᄒᆞ야이러ᄂᆞ더니문

을열고ᄂᆞ가니가려ᄂᆞᆫ길은황쳔이라

항구에다다르니널고깁혼바다물은ᄒᆞᄂᆞᆯ에둔듯ᄒᆞ디○○

의가눈곳은져길이라

○이가그물을바라보고ᄒᆞᆫ말이오나반갑다오던길로

도로가ᄂᆞᆫ구ᄂᆞ일쳥젼징이러낫슬ᄯᅢ에그젼징은우리집에

셔혼자당혼듯이내부모ᄂᆞᆫ죽은곳도모르고내몸에눈총울

마즈죽게된것을졍상군의（井上軍醫）손에목숨이도로사라

나셔어용션을타고져바다로건너왓고나오기눈물우에길

로왓거니와가기ᄂᆞᆫ물속길로가리로다

내몸이져물에ᄲᅡ지거든이물에셔셕지말고물결바람결에

몸이둥둥ᄯᅥ셔산호마관지ᄂᆞ가셔되마도압ᄒᆞᄅᆞ조션희협

바라보며살가치ᄲᅥ리구셔진남포ᄅᆞ드러가셔되둥강하류

（詩）
（歌）

人獨倚門。

내몸을나흔사람은평양아버지평양어머니오

내몸을살여셔기른사람은졍상아버지와듸판어머니라

내팔즈긔박흥야란리즁에부모일코내운슈불길흥야젼졍

즁에졍상아버지가도라가니

어리고약흔이니몸이만리타국에셔듸판어머니만밋고살

앗소

내몸이어머니의그러흔은혜룰입엇눈듸내몸울인연흥여

어머니근심되고어머니고싱되면그것은○○의죄울시다

○○**이가사라셔눈어머니은혜를갑홀슈가업소**

하로밧비흔시밧비밧비쥭엇스면어머니에게걱졍되

지아니흥고내근심도이져모르깃소

어머니눈가오부듸근심말고지내시오

기不能ᄒᆞ나니라其方法의要ᄂᆞᆫ巧으로各種修辭法을用ᄒᆞ야熱誠

을注ᄒᆞ야技巧히描出흠에在ᄒᆞ나니此所謂情的文章又ᄂᆞᆫ美文

이라稱ᄒᆞᄂᆞᆫ者ㅣ니라

情的文章에ᄂᆞᆫ悲哀의情緒를表出ᄒᆞᄂᆞᆫ者와歡喜의情緒를

表出ᄒᆞᄂᆞᆫ者ㅣ有ᄒᆞ니라

其一、悲哀的

人을動케ᄒᆞᄂᆞᆫ力은悲哀의情에莫大ᄒᆞᄂᆞ니비록銕肝石腸

이ᄂᆞ一淚에能히銷削되지아니ᄒᆞᆯ者ㅣ無ᄒᆞ나然則此情緒

를筆下에收ᄒᆞ면讀者로ᄒᆞ야곰懷愴의感에不堪케ᄒᆞ고同情

의淚를不禁케ᄒᆞ기不難ᄒᆞ지니其作法의要ᄂᆞᆫ專혀情을盡흠

에在ᄒᆞ며情을盡코즈ᄒᆞᆫ에ᄂᆞᆫ眞率ᄒᆞ고、莊重ᄒᆞ고、沈痛케ᄒᆞ며

且其調子ᄂᆞᆫ惻惻然ᄒᆞᆫ音聲을發ᄒᆞ기에適當흠을要ᄒᆞᄂᆞ니라

(例)自有春愁正斷魂不堪芳草思王孫,落花寂々黃昏雨,深院無

情緒

家靑기와집을지으는醒罷혼면實地가업스리라

上文[2] 눈[1]에比호야品格이稍히卑홈을可知홀지니故로

其陋俗혼文句롤左와如히訂正홈이可호니라

卽今世上은都總이現代눈總是空然徒得호랴冀圖,암만히

도,到底히,暫間동안,一時的,長久之物,永久的이런사람,此等

人,箇箇이皮殼往往히空想,꿈결,夢幻間,番番이瓦家靑기와

집을지으느,屢屢히金殿玉樓롤搆호느,醒罷호면實地가업

스리라,此等은決코現實치못홀지니라。

(三)　情緒

文章의情緒눈讀者로호야곰自然히中心으로同情을寄케

호눈者ㅣ니片言에人을笑케호고半句에人을哭케호고一節

에人을歟케홈은實로文章의情緒에由호느니若文章이此情

緒가無홀진디花의無香홈과美人의無戀홈과如호야人을動

者를多用ㅎ야니ㅎ이可ㅎ니文章의明晰을主ㅎ야는俗談淺

近ㅎ者를要ㅎ느若過多히用ㅎ며又는高雅ㅎ辭句와幷列同

搆ㅎ야用ㅎ는等은文의品格을卑陋케ㅎ는嫌이有ㅎ니라

〔例〕

〔1〕

自己의目的에對ㅎ야不動ㅎ는固執을有ㅎ은此一人生의

意力이라, 吾人은目的을爲ㅎ야奮鬥ㅎ며, 向上ㅎ느니故로

如何히災厄과苦難이襲來할지라도此를爲ㅎ야不退不畏

ㅎ고一意進行ㅎ는勇氣가無ㅎ기不可ㅎ니盖人生의最大光

明은其目的의遂行이며唯一의慰藉는其理想의實現인뎌

〔2〕

卽今世上은都總이科學的이라彼空然히奇計를弄ㅎ야一

攫千金을得ㅎ라ㅎ는策士와才子는암만히도堅實히成功

을得치못ㅎ리니彼의成功은暫間동안이오長久之物이야

나라이런사름은目的이簡簡皮殼쑨이니쑴결에番番히瓦

「乙」「等閑호기력기」(一) 瀟湘江上明月照호는夜에타는」(二) 二十

五. 絃의소리」(三)

此를比較호건딕「甲」은文句가殆히同形임으로口讀의響이

頗히快好호야神韻이有餘호듯호는「乙」은「甲」과意味는同호되

其句節組織이「甲」과不同호야第二句가他句보다過長호는第

一句를讀호餘聲의一息으로讀호면自然燥澁호야調子가不

美호며從호야流暢을缺호느니此等은作者가古今文章上에

셔多히自覺홀지로다

（二）　品格

人物의高下를品格으로써論홈과如히文章에도品格이有

호니假令同一호事를表出호되或高尙優雅히書홈도有호고

卑劣陋俗히書홈도有호니要컨딕文의品格을高雅히호고또

호면第一에思想이高雅호고第二에辭句는通俗談話와如호

品格

注意條件

（歌詞）

날날쉰이로다,푸르고기픈물은,갈길이제긔로다。（血의涙）

淸溪上草堂外에,봄은어이늣고,梨花白雪香이오,柳色
黃金嫩이로다,萬花羣蜀魄聲中에春思ㅣ茫然하여라。（黃厖村）

日中三足鳥야가지말고니말드러너희는反哺鳥ㅣ라鳥中
之曾子이니,우리의鶴髮雙親을,더듸늙게하여라。（柳松湖）

味가通暢될지로다

調가澁滯치아니하고不知不識間에如流如轉하야聲音과意

此等은槪是調子의美를得한者ㅣ니此를讀하면少許도口

故로文의調를快美히하고또하면必須句節間은過長치야

나호고各句에는多少長短의差가有하는大體로는其形이殆

同호程度로組織하면可하니라

[甲]等閑호기럭이（一）瀟湘江明月夜에（三）二十五絃타는소리（三）

（詩）

日照香爐生紫烟、遙看瀑沛掛長川、飛流直下三千尺、疑是銀河落九天。（李白）

萬頃滄波欲暮天、穿魚換酒柳橋邊。客來問我興亡事、笑指蘆花月一船。（李白）

琴書四十年、幾作山中客。一日茅棟成、居然我泉石。（朱晦菴）

（歌）

그씨는구월보롬이라,ᄒᆞᆫ날은씨ᄉᆞᆫ듯ᄒᆞ고,달은초롱갓다,은가루를ᄲᅵ린듯훈빅사댱에,인젹은ᄯᅳᆫ어지고,빅구는잠드럿다,○○ᄐᆞᆫ식ᄒᆞ야갈오ᄃᆡ。

달아물어보자,너는널이보리로다,낭군이소식업고,○○이간곳업다,이셰상에잇스면,집ᄎᄌ왓스련만일거무소식ᄒᆞ니,복망긔됨이로다,이몸이혼자살면,일평싱근심이오,이몸이죽어스면,이근심모리라,십오년부졍파,일곱ᄒᆡ모녀정이어ᄂᆞᆫ씨잇셧던지,지금날쑴갓도다,쑴갓튼이니평싱,오。

지니라

（一）　調子

調子라 홈은 文章의 音調를 云홈이니 調子의 流暢한 者는 讀
홈에 窮蹙한 處가 無호고 口調가 自然히 通暢潤滑호야 流홈과
如호느니 如斯혼 然後에야 快感을 可得홀지라, 調子의 最히 發
達혼 者는 韻文이니 古來로 詩律 等 作法으로 文字의 四聲及排
簾 等 規則이 有홈도 亦此 調子를 專爲홈이라 然이나 新體文에
셔는 如斯히 嚴格혼 體製는 必要가 無호느 또혼 可及的 注意홈
은 極히 有用호나라

（例）人이 身을 自修치아니호면 誰가 他人의 身을 修홀者ㅣ잇스
리오

（文）

春花秋葉과 流水浮雲이 摠是 才子의 詩情이로다

悠悠혼 我思를 無處安排로다

事ㅣ 無게할事

練習

雄健體로 左記題目의 文을 作하라

瀑沛

海戰

探險

第三　流麗

前述흔바에 依하야 文章의 明晰과 雄健을 槪知할지라 然而

文章이 비록 明晰하고 有力할지라도 流暢美麗흔 性質을 缺하

면 讀者로하야곰 快美혼 感을 惹起캐하기 不能하느니 故로 流

麗로써 文章의 第三要件으로하는 所以라

流麗라흠은 其性質이 旣히 美的이라 故로 此를 文句와 言語

로써 表出케 難하느니 今 其內容을 分拆하야 大體를 說明하건디

流麗에 는 〔一〕調子〔二〕情緖〔三〕品格〔四〕趣味의 四種이 有흠을 知할

五六

不可得。而此膝一屈不可復伸。國勢陵夷不可復振。可爲痛

哭流涕長太息也。向者陛下間關海道危如累卵當時尚不

肯北面臣虜。況今國勢稍長。諸將盛銳士卒思奮只如頃者

醜虜陸梁偽豫入寇固嘗敗之于襄陽敗之于淮上敗之於

渦口。敗之於淮陰。較之前日蹈海之危已萬萬矣。儻不得已

而遂至於用兵則我豈遽出虜人下哉。今無故而反臣之欲

屈萬乘之尊下穹廬之拜。三軍之士不戰而氣亦索。此魯仲

連所以義不帝秦。非惜夫帝秦之虛名。惜夫天下大勢有所

不可也。今內而百官外而軍民萬口一談皆欲食倫之肉謗

議洶洶陛下不聞正恐一旦變作禍且不測臣切謂不斬王

倫。國之存亡未可知也。雖然倫不足道也。秦檜以腹心大臣

而爲之陛下有堯舜之資檜不能致陛下如唐虞而欲導陛

下如石晉。近者禮部侍郎曾開等引古誼以折之。檜乃厲聲

宗之位也。奈何以祖宗之天下爲犬戎之天下。以祖宗之位爲犬戎藩臣之位。陛下一屈膝則祖宗廟社之靈盡汙夷狄。祖宗數百年之赤子盡爲左衽朝廷宰執盡爲陪臣天下士大夫皆當裂冠毀冕變爲胡服異時豺狼無厭之求安知不加我以無禮如劉豫也哉夫三尺童子至無知也指犬豕而使之拜則怫然怒今醜虜則犬豕也堂堂天朝相率而拜犬豕曾童孺之所羞而陛下忍爲之邪倫之議乃曰我一屈膝則梓宮可還。太后可復淵聖可歸。中原可得鳴呼自變故以來主和議者誰不以此昭陛下哉。而卒無一驗是虜之情僞已可知矣。陛下尙不覺悟竭民膏血而不恤忘國大讐而不報含垢忍耻舉天下而臣之甘心焉就令虜決可和盡如倫議天下後世謂陛下何如主況醜虜變詐百出倫又以奸邪濟之。梓宮決不可還。太后決不可復淵聖決不可歸。中原決

乙　人事에 關한 者

此도 亦 不少하니 忠義의 事蹟 及 忍耐, 堅剛 等 意志의 道德과

正義를 蹈하야 死且不避함과 他人을 爲하야 一身을 犧牲에 供

하되 不顧하는 等 人의 感情을 衝動치아니흠이 無하며 且 戰爭

探險과 如한 者도 또한 雄健의 原因 되는 者ㅣ 多하니라

○ 文例

上高宗封事　　　胡澹菴

謹按王倫本一狎邪小人市井無賴頃緣宰相無識遂舉以

使虜惟務詐誕欺罔天聽驟得美官天下之人切齒唾罵今

者無故誘致虜使以詔諭江南爲名是欲臣妾我也是欲劉

豫我也劉豫臣事醜虜南面稱王自以爲子孫帝王萬世不

拔之業一旦豺狼改慮捽而搏之父子爲虜商鑑不遠而倫

又欲陛下效之夫天下者祖宗之天下也陛下所居之位祖

瀟然感極而悲者矣。至若春和景明。波瀾不驚。上下天光一

碧萬頃。沙鷗翔集錦鱗游泳。岸芷汀蘭郁郁青青而或長烟

一空皓月千里浮光躍金靜影沉璧漁歌互答。此樂何極登

斯樓也則有心曠神怡寵辱皆忘把酒臨風其喜洋洋者矣。

嗟夫予嘗求古仁人之心或異二者之爲何哉。不以物喜不

以己悲。居廟堂之高則憂其民處江湖之遠則憂其君是進

亦憂退亦憂。然則何時而樂邪其必曰先天下之憂而憂後

天下之樂而樂歟。噫微斯人吾誰與歸。

(評)范公此文은能히縱橫左右로天地間奇觀妙態를寫

出ᄒ야써一樓上에收ᄒ야讀者로ᄒ야곰巴陵勝狀을

眼前髣髴케ᄒ며終末에已意를寓ᄒ야壯絕快絕憂

極樂極ᄒ야人의感情을高激케ᄒ이岳樓以上에在ᄒ

니學者ㅣ此에서如何히雄健홈을可見홀지니라

慘흔者, 冥曚흔者ㅣ皆是感念의雄健을起케흐는者ㅣ며, 且夫

電光, 霹靂, 噴火, 地震, 暴風, 洪水, 激浪, 怒濤等의諸現象이総是至

高至大흔自然的雄健에屬치아님이無흐니라

○文例

岳陽樓記　　　　范文正公

慶曆四年春。滕子京謫守巴陵郡。越明年。政通人和。百廢具

興。乃重修岳陽樓。增其舊制。刻唐賢今人詩賦于其上。屬予。

作文以記之。予觀夫巴陵勝狀。在洞庭一湖。銜遠山。吞長江。

浩浩湯湯。橫無際涯。朝暉夕陰。氣象萬千。此則岳陽樓之大

觀也。前人之述備矣。然則北通巫峽。南極瀟湘。遷客騷人多

會於此。覽物之情。得無異乎。若夫霪雨霏霏。連月不開。陰風

怒號。濁浪排空。日星隱曜。山岳潛形。商旅不行。檣傾楫摧。薄

暮冥冥。虎嘯猿啼。登斯樓也。則有去國懷鄉。憂讒畏譏。滿目

體와思想感念의雄健及作法、注意事項을示코져ᄒ노라

蓋雄健体의要素는文章에壯大ᄒ修飾을施ᄒ야讀者를鼓

舞感激케ᄒ는勢力을目的ᄒ느니故로其結果는人의壯快

嚴肅ᄒ고廣大雄偉又는森陰凄慘ᄒ感念을起케ᄒ음에在ᄒ니

라

雄健体의要素

此等感念은或은視覺으로브터起ᄒ음도有ᄒ고或은聽覺으

로브터起ᄒ음도有ᄒ고或은同情으로브터起ᄒ음도有ᄒ고

想像으로브터起ᄒ음도有ᄒ야一樣이아니로딕其感念의生ᄒ

는原因으로브터大別ᄒ면自然에關ᄒ者와人事에關ᄒ者의

二種이有ᄒ니라

甲、自然에關ᄒ者

自然的雄健

此는極多ᄒ니彼蒼天의浩浩ᄒ과旭日의瞳瞳ᄒ과江海의

渺渺ᄒ과山嶽의巍巍ᄒ과雲霧의漠漠ᄒ과其他森陰ᄒ者、凄

<table>
<tr><th>雄健体</th><th>使用上注意</th></tr>
</table>

얼골이검은빗은숫(炭)보(見)기(素朴者)갓흐느위인은반드랍

기만흐구느

揚柳千絲, 無由繫郎車。

無數先輩의心血을瀝흐야爀爀然燈火와如히되야書上의

疑議難文을照흐도다

此法을用흠에는左의注意를要흐느니라

一、本來自然的事理에遠흔修飾法인故로此에過失히아니

　흐도록用心흘事

二、若濫用흐면다만文致를損흘뿐아니라意義不明의虞가

　有흐야健全을破흘지니故로此를避흘事

三、韻文(詞藻)弄情、雜文等特種文章이아니면此를勿用흘事

(十七)　雄健体

以上에는雄健에必要는諸方法을說明흔지라故로更히文

아무리야반무지라고눈ᄒ지만은、하눌도알고、쌍도알고、즈
네도알고、눈도아니、엇지아느냐업다ᄒ야비례인닐을힝ᄒ
리오。

使用上
注意

此法을用ᄒ에 눈 左의注意를要ᄒ느니라

一、語눈 婉曲을要ᄒ事

二、語氣눈 容易히其反說일줄知得케ᄒ事

三、反辭눈 他의不條理를指摘ᄒ을爲主ᄒ事

（十六）懸詞法

懸詞法

此法은文章中에서同音異義의文句又는同字異義의文句
를用ᄒ야一語에二義를含케ᄒ는者ㅣ니文의豪雄ᄒ色彩를
增加ᄒ는効가有ᄒ는。多히는健全을破홈이有ᄒ니라。

（例）밤길에밥는어름（冰）어름（曉微）보이니아불답빙이라고눈ᄒ
눈어름（假測）도못ᄒ깃다

練習

寓語法及擬人法을爲主하고重言寫聲兩法을用하야

左의題로諷刺文을作하라

[1] 螳螂이秋蟬의乞粮을責함

[2] 狐假虎威의說

(十五) 反說法

此法은文章中에서上端에說한意義와反對되는思想을下

端에發表하야써其下端文義를强히主張하는者ㅣ니此는某

事理를正面으로만說하기보다一層强大한效가有한故로辨

駁文에서特히多用함必要가有하니라

(例)僻陋의地에生長하야聞見이固陋하고知覺이沒着한者에

在하야는或對人接論에禮를失함이有함은無怪하거니와

十載京華에新敎育을受하고活社會에追逐하는者는

交際의禮儀作法은熟知慣通함이宜하거늘云云

世의利
已의害라
他人이害를
亦己를知ㅎ
宮을害ㅎ눈不
恒意ㅎ눈

架空的

意來苦
의盡甘
寓

園中楡木上에蟬이露를飮ㅎ랴ㅎ눈者ㅣ有ㅎ니後에蟷螂

이犯ㅎ랴ㅎ을不知ㅎ며蟷螂이쏘蟬만守ㅎ고後에黃雀

이犯ㅎ랴ㅎ을不知ㅎ며黃雀이쏘蟷螂만守ㅎ고楡木下

에引弓童子의犯ㅎ랴ㅎ을不知ㅎ며童子ㅣ쏘ㅎ前에深谷

이요後애堀埃이有ㅎ을不知ㅎ고其身을危케ㅎ눈도다

架空인者

栗鼠ㅣ樹에攀ㅎ야胡桃를摘ㅎ야其皮를嚙ㅎ고轢壓曰何

其苦也오ㅎ더니既而오核에及ㅎ에乃笑曰先히苦를不喫

ㅎ면此滋味를安得ㅎ리오ㅎ더라

寓語를用ㅎ에눈左의注意를要ㅎ눈니

一, 寓托의說話눈興味가極多ㅎ者를要ㅎ며

二, 寓意눈易解ㅎ者를要ㅎ니若不得己難解ㅎ處가有ㅎ

거든說明을附ㅎ이可ㅎ니라

實際的

어ᅵ、셰월도쉽구ㄴ、부산셔 비을타고 오든 날이어제굿더니。

幼主를 保ᄒᆞ고 漢室의 餘를 扶ᄒᆞ야 鞠躬悴ᄒᆞ야 맛촘ᄂᆞᆫ九

秋寒營에셔 死而不悔ᄒᆞ니 壯ᄒᆞ다 諸葛武侯의 功烈이여 實

로後人으로ᄒᆞ야곰仰望不已ᄒᆞ게ᄒᆞ도다

오날이멋칠의제、달도엿혜안녀듯누예그、쌍감ᄒᆞ여라이리

가두길이엽고져리가두길이엽스니어듸루가면조흘가

世에失敗를一遭ᄒᆞ면遂卽撫然絶望ᄒᆞ야其志가萎靡ᄒᆞ고

其氣退縮ᄒᆞ야永久히眞失敗에陷ᄒᆞᄂᆞᆫ者ᅵ多ᄒᆞ니悲夫라

(十四) 寓語法

此法은 敎訓的 觀念을 無生物又ᄂᆞᆫ劣等物의 動作에 寓ᄒᆞ야

發表ᄒᆞᄂᆞᆫ者ᅵ니其作法에ᄂᆞᆫ專혀架空인事件에 寓托ᄒᆞᄂᆞᆫ과實

際에近ᄒᆞᆫ事件에 寓托ᄒᆞᄂᆞᆫ者의二種이有ᄒᆞ니라

(例) 實際에近ᄒᆞᆫ者

用法의三種

己의 感激이 極潮에 達함을 發表하기 爲하야「果然하도다」「實로」
「嗚呼」「아ー」「슬프다」等語句를 用하는 方法이라 其用法에는 三種
이 有하니〔一〕은 文章의 初頭에 用하는 者는 其感激된 理由를 下
에 將叙함에 臨하야 發하는 者인 故로 全篇의 主眼될만흔 感歎
詞를 擇하고〔二〕는 文章의 中間에 用하는 者는 前半에 實義가 已
盡하고 後半에 更히 餘意를 發揮코저하는 不能흔 處에 用하야
其情을 盡함이니 神韻이 悠揚하야 人을 動함이 寧히 後半에 在
흔者ー라 故로 其詞는 必前半의 實義를 盡括하고 後半의 餘情
을 起續할만흔 者를 擇할지오〔三〕은 文章의 尾末에 用하는 者는
全篇의 語義를 收하야 偶然一發에 付함이니 文이 盡하고 語가
有餘흔者ー라 故로 將且何等의 語를 發할듯하며 語를 止할듯
흠에 終흠이 可하니라

(例)嗚呼、倫常之不舉,未有甚於此時者夫云云。

此法은 劈頭에 某事理를 說ᄒᆞ고 此로부터 破竹의 勢로써 他

事物에 向ᄒᆞ야 弱으로부터 强에 進ᄒᆞ며 輕으로부터 重에 進ᄒᆞ

며 小로부터 大에 進ᄒᆞ야 最終에 最히 强健ᄒᆞᆫ 意를 表現ᄒᆞᄂᆞ 者

ㅣ니라

(例) 物格而後致知、致知而後意誠、意誠而後心正、心正而身修、身

修而後家齊、家齊而後國治、國治而後天下平

사람이 참지못ᄒᆞ면、안락이업ᄂᆞ니、만일호집이참지못ᄒᆞ면

가족이화목을보젼치못ᄒᆞ지오、혼동닉가참지못ᄒᆞ면동즁

이요란ᄒᆞᆯ지오、비단일국도그러ᄒᆞᆯ뿐아니라、일군도그러ᄒᆞ

고、비단일군이그러ᄒᆞᆯ뿐아니라、일국도그러ᄒᆞᆯ지니라、

大禹ᄂᆞᆫ 聖人이로ᄃᆡ 分陰을 惜ᄒᆞ엿거든 況乎 吾人이야

(十三) 咏歎法

此法은 感情을 强大히 表出ᄒᆞᄂᆞ 者ㅣ니 文의 主義에 對ᄒᆞᆫ 自

注意條件

漸層法

써、닉、이것이용밍인가。

予豈好辯哉。

太廟에入ᄒ야每事를問ᄒ니誰가鄒人之子를知禮ᄒ다謂

ᄒᄂ뇨

此法을用홈에ᄂ左의注意를要ᄒᄂ니라

一、文句를可及的冗長치아니ᄒ게홀事

二、材料ᄂ必何人이던지解홈을可得홀者됨을要ᄒ며其解答은誰가讀ᄒ던지皆同一히作者의豫期ᄒᄂ主張에符合될者를擇홀事

三、作者ᄂ其解答을判ᄒ기에足ᄒ材料와疑詞만提出ᄒ고決코解答을附치아니홀지니自問自答은一種問答法이오設疑法과ᄂ不同ᄒ事

(十二)　漸層法

以子之才行此一事、何難之有何憂之有

嗚呼ㅣ라宇宙가茫茫ᄒᆞᄂᆞ다맛知己者ㅣ有ᄒᆞ야存ᄒᆞᄂᆞ니

知己가無ᄒᆞ면人生은荒野샏이며荊棘샏이라

疾病의可恐可畏ᄒᆞᆫ者ᄂᆞᆫ其惟虎列拉인뎌

(十一) 設疑法

此法은事理自明ᄒᆞᆫ者를故히疑問을設ᄒᆞ야裏面으로自

己의所信을主張코ᄌᆞᄒᆞᄂᆞᆫ者ㅣ니故로作者ᄂᆞᆫ其疑問辭와此

를解釋ᄒᆞᆯ만ᄒᆞᆫ材料를提出ᄒᆞ고其解答은讀者의心內自判에

任ᄒᆞ야大히人의注意力과理解力을起케ᄒᆞ고且其自判ᄒᆞ야

得ᄒᆞᆫ解答은感動이一層强大ᄒᆞ니라

(例)醫叟底豫舜其孝乎不孝乎。

抑王興甲兵、危士臣、搆怨於諸侯、然後、快於心歟。

비록쥬고비속을비닉、이것이지혜인가、모귀에노ᄒᆞ여갈을

屢히用ㅎ면文章이反히不自然에陷ㅎ야效力을減ㅎ는故로此를注意ㅎ지니라

同文句

〔例〕

[1] 同一호文辭를重用ㅎ는者

賢哉回也賢哉回也。

君子人與君子人與。

人이슨스로道를遠히홀뿐디라道가그遠ㅎ가道가그遠ㅎ가。

빅발이앗츰경울을대호녀셔리빗느눈귀밋은보고보와도

옛날얼굴이아니오셰월이이갓치덧업눈줄은성각ㅎ성각

흘사룩뜻밧기닐이라

國語의須要눈層一層進步되고國語의學生은年一年增加호다

同義句

〔2〕同義의語句를重用ㅎ는者

重言法

一官、行化一鄕、德合一君、而徵一國者其自視也、亦若此矣。

右는一見에隱比喩와如하는其主旨는大人(比胸鵬)의志

는小人(此斥鷃)輩의可히慮知할바아니어늘小人輩ㅣ自

視로人을視하고大人을慢侮하는事를諷刺함이라

必有事焉而勿正、心勿忘、勿助長也、無若宋人然、宋人有閔其

苗之不長而揠之者、芒芒然歸、謂其人曰、今日病矣、予助苗長

矣、其子趨而往視之、苗則槁矣、天下之不助苗長者、寡矣、以爲

無益而舍之者、不耘苗者也、助之長者、揠苗者也、非徒無益而

又害之。

（十） 重言法

此法은文意를深重케하기爲하야同一한文辭와同義의語

句를重重히反覆하는者ㅣ니益感慨가大한時에用함이常例

로ㅣ又單히句調를助하기爲하야도用하나니대然이는若屢

諷刺法

七 少年의 時는 黃金과 如하다（西諺）

（九）諷刺法

此法은 一箇의 語句 中에 他의 意義를 包含하야써 言外의 意
로 人事上 是非善惡을 批評勸懲하는 者ー니 用意가 得當할 時
는 筆下에 人의 骨을 刺入하는 듯한 感情을 起케하야 其所說은
平凡한 文句로되 結果는 特別한 目的을 達하나니 故로 其材料
는 敎誨的 又는 勸獎懲創的 道德上으로브터 取함이 可하고 書
法은 可及的으로 簡潔明確하야 有力함을 要하나니라

（例）窮髮之北、有冥海者、天池也。有魚焉、其廣數千里、未有知其修
者、其名爲鯤、有鳥焉、其名爲鵬、背若泰山、翼若垂天之雲、摶扶
搖羊角上者九萬里、絕雲氣、負靑天、然後圖南、且適南冥也。斥
鷃笑之曰、彼且奚適也、我騰躍而上、不過數仞而下、翱翔蓬蒿
之間、此亦飛之至也、而彼且奚適也。此小大之辯也、故夫知效

	△△代用
	∘∘∘寫聲
	△△警句

明日에一難을遭ᄒ면其志가挫然ᄒᄂᆫ者ᄂᆫ비록周公의才
와公輪子의巧가有ᄒᆫ들엇지能히前途의責任을盡ᄒ리오

[2]

相視ᄒ니不語是多說이오無情이라知是一別三秋
에張珙이更到來ᄒ오녀

轟々然蕭寺深鍾에梅花影落ᄒ고錦屏斜ᄒ蕭然히雨眼

左文中警句와寫聲된句를摘示ᄒ라

[3]

左의格言中相當ᄒᆫ者를引用ᄒ야學生의前途를論ᄒ라

一、吾十有五而志于學、三十而立(孔子)
二、立ᄒᆫ農家ᄂᆫ坐ᄒᆫ紳士보다尊ᄒ다(西諺)
三、求生者ᄂᆫ死欲死者生(閔泳煥)
四、열길물속은알아도、한길사람속은모른다(朝鮮諺)
五、蓬生麻中不扶而自直(荀子)
六、天은自助者를助ᄒ다(西諺)

鍊習

〇〇
〇〇
對句

「 」
引用

ᄒᆞ야 强히 難解ᄒᆞᆫ 文句를 引出ᄒᆞ며 又ᄂᆞᆫ 自己도 充分히 了知

記臆치 못ᄒᆞᆫ者를 他書籍中에셔 一時로 搜索偹用ᄒᆞᄂᆞᆫ等

은 決코 可贊ᄒᆞᆯ者ㅣ 아니라

二 引語ᄂᆞᆫ 學識德望이 高著ᄒᆞᆫ 人의 言을 採用ᄒᆞ되 特히 片言을

取ᄒᆞᆯ지니 小人物의 言과 長荒ᄒᆞᆫ 說明等은 文의 品格을 損

ᄒᆞ며 風味를 減ᄒᆞᆯ處가 有ᄒᆞ니라

三 明示치 아니ᄒᆞᆯ者ᄂᆞᆫ 明示ᄒᆞᆫ者보다 健全ᄒᆞᆯ力이 尤强ᄒᆞᄂᆞᆫ若

少許라도 語意의 不明確이 有ᄒᆞᆯ진ᄃᆡ 反히 明示ᄒᆞᆷ이 可ᄒᆞ며

且 其 引用語句에ᄂᆞᆫ 此를「……」符号로써 明劃ᄒᆞᆷ도 可ᄒᆞ니라

鍊習

〔1〕

左文에 就ᄒᆞ야 對句와 代用과 引用된 部分을 摘示ᄒᆞ라

古聖이 曰ᄒᆞᄃᆡ「士不可以不弘毅니任重而道遠이라」ᄒᆞ니 信

然ᄒᆞ도다 言이여 彼今日에 一智를 售ᄒᆞ면 其氣가 昂然ᄒᆞ고

二、明示치아니호者

「歲月이 人을 不待호느니」而 今에 靑年이 엇지 勉勵치아니호

리오云云

「鷦鷯가 深林에 巢홈에 一枝에 不過호고 偃鼠가 河를 飮홈에

滿腹에 不過호느니」凡此 有限흔 世에 處호야 吾人이 엇지 無

限흔 慾을 恣호리오

「王侯將相寧有種乎」云云

「사람은、소시에 근로치아니호면、로린에 고성을 면치못호는

법이라]져러흔 귀족도、맛춤니 보상에 구루마를 씌고 힝길

을 기다린다。

此法을 用홈에 注意흘 要件이 如左호니

一「引語는 讀者의 熟知호는 者로 何人이던지 易解호며 且自己

의 記臆에 存흔 者를 擇홈이 可호니 自己의 博學을 誇코즈

로 對句는 可及的 此를 節約ᄒ야 濫用치 아니ᄒ고 若用ᄒ時에는

必正確純全히 ᄒᆷ이 可ᄒ니라

(八) 引用法

此法은 文章의 雄健을 裝ᄒ기 爲ᄒ야 故事格言 等을 引撥插

用ᄒ는 者ᅵ며 其引用ᄒ語句에 는 其引用ᄒ는 義를 明示ᄒ는 者

도 有ᄒ고 明示치 아니ᄒ는 者도 有ᄒ니라

(例)一、明示ᄒ者

古人이 有言ᄒ야 曰「逸居而無教면 卽近於禽獸라」ᄒ엿스니

人生이 萬一 教養의 道를 不由ᄒ면 殆히 人生의 本務를 盡기

不能ᄒ지라

古語에 曰「健康ᄒ精神은 健康ᄒ身體에 宿ᄒ다」ᄒ니、云云

諺에 曰寧爲鷄口언뎡 母爲牛後라ᄒ니 果然ᄒ도다、云云

兵法不云乎、夫士陷之死地而後生、置之亡地而後存、云云

洗手、濯足、讀書、作文。

제가비록、리두문장〔李杜文章〕이오소장구변〔蘇張口辯〕이나마

음이셩실치못ᄒ고힝실이단졍치아니ᄒ면무삼능ᄒ랴!

잇스리오

此法을用홈에特히注意홀者ᄂ對句ᄂ비록字字히對比치

못ᄒ지라도天然的純潔히成立됨을貴히ᄒ거ᄂᆞᆫ初學者ᄂ往

往히文字의對比를符合케ᄒ기爲ᄒ야故로未熟ᄒᆫ文句又

ᄂ沒趣味不明暸ᄒᆫ語句를塡充ᄒ야反히文章全體의意味를

害ᄒ거ᄂᆞ或은思考가不充分ᄒ야正確치아니ᄒᆫ文句를不精

히强對코즈ᄒᆞᆫ弊가有ᄒ며又或境遇를隨ᄒ야ᄂ一個數個

의對로足ᄒ거ᄂᆞᆯ必全文을成對코즈ᄒᆞᆫ事도有ᄒ고首尾가

對句로連絡되야進行ᄒ다가中間에對句를得ᄒ기에窮ᄒ며

又ᄂ對를失ᄒᆞ야文脉이通暢치못ᄒ게ᄒᆫ事ㅣ有ᄒᆞᄂᆞ니故

「暗」의 對 오,「生」은「死」의 對 니「明」과「生」은 對句가 아니로딕草本

의 生흠과 日月의 明흠을 比ᄒ면 其「明」과「生」이 事情과 境遇

가 類似흔 故로 亦 對句 됨이 無妨ᄒ니 結局은 其 小對句의

集合된 全體 即「天高日月明」은「地厚草木生」과 對句를 成ᄒ

ᄂ니라

四月薰風、九秋寒霜。

柳暗花明이오、山重水複이라。

朝鮮의 儒와、印度의 佛。

一二三四月青黃赤白色。

春南秋北。

父母之慈와、兄弟之愛。

鳶飛、魚躍。

規矩方圓之至也、聖人人倫之至也。

其對比ᄒᆞᄂᆞᆫ方法은例如數字와對ᄒᆞ며人名은人名

ᄋᆞ로地名은地名ᄋᆞ로時候ᄂᆞᆫ時候로對ᄒᆞ며彩色은彩色ᄋᆞ로

心情은心情ᄋᆞ로方位ᄂᆞᆫ方位로形容은形容ᄋᆞ로對ᄒᆞ며其他

資格、地位、境遇、事情等類似点이有ᄒᆞ文字ᄂᆞᆫ皆相對ᄒᆞᆷ을得ᄒᆞᆯ

지오且對句의集合ᄒᆞ文句도互相對比됨을得ᄒᆞᄂᆞ니라

例)天高日月明、地厚草木生

右「天」과「地」ᄂᆞᆫ種類와性質이不同ᄒᆞᄂᆞᆫ系統이同一ᄒᆞᆫ故로

對句를成ᄒᆞ며「高」와「厚」ᄂᆞᆫ性質이不同ᄒᆞᄂᆞᆫ物의形容語된

種類ᄂᆞᆫ同ᄒᆞ故로亦對句를成ᄒᆞ며「日」과「草」「月」과「木」은共히

何等의類似点이無ᄒᆞ故로對句를不成ᄒᆞᄂᆞᆫ「日」과「月」은同

系統에屬ᄒᆞᆷᄋᆞ로對句를成ᄒᆞ니從ᄒᆞ야對句의集合된「日

月」과「草木」은對句됨이無妨ᄒᆞ고且天地가既히對句인즉

對句의附屬物은ᄯᅩᄒᆞ互相對句됨을得ᄒᆞᄂᆞ所以며「明」은

184

對句法

지는것은곳이긔는것이라

大賢은下愚와如ᄒ니라

樂中有憂ᄒ고憂中有樂이니라

不知謂不知是知也

善泳者溺善騎者墜

君雖不君,臣不可以不臣

（七）對句法

此法은同種類又ᄂ同系統에屬ᄒ異性質의事物이ᄂ異種

類異系統에屬ᄒ同性質의事物을雙雙히對照比類ᄒ야文句

를組織ᄒᄂ者ㅣ니漢文文法에最重要ᄒ者오古詩에셔甚히

廣用ᄒ며現用文에도稍히多用ᄒᄂ니此ᄂ初學者라도作成

ᄒ기容易ᄒ고ᄯ文의組織을方正히ᄒ며色彩를加ᄒᄂ效가

有ᄒ所以ㅣ니라

「娥眉」「粉黛」「紅粧」(「婦女」의 代用)「紅裙」(「藝妓」의 代用)의 佳容戀態

「管絃」「絲竹」(「琴笛」의 代用)之聲

「四海之內」「天下」(又는「世界」의 代用)皆兄弟

(六) 警句法

此法은 簡單한 語句에 深長한 意味를 包含케 ᄒᆞ야 文章이 警

拔ᄒᆞ야 人을 動케 ᄒᆞᆷ이 酷者는 一 너 假令「無慾이 大慾이라」ᄒᆞᆷ은

一見에 予盾되는 듯ᄒᆞᆫ 其意를 深考ᄒᆞ면 果是 眞理 正義 됨을

發見ᄒᆞᆯ지오 且「僧中有俗 俗中有僧」은 全然 無關係ᄒᆞᆫ 二事物을

並列ᄒᆞ야 一見에ᄯᅩ 無意味ᄒᆞᆫ 듯ᄒᆞᆫ 其實은 他面으로 深意

를 含ᄒᆞᆷ을 可知ᄒᆞᆯ과 如ᄒᆞᆫ 等이니 區區히 所以然을 說치아니ᄒᆞ

고도 其理의 明確을 自覺케 ᄒᆞᆫ 效가 有ᄒᆞ니라

(例)不修飾이 是一最修飾이라

陷之死地而後生 置之亡地而後存

186

（五） 代用法 （一云換名法）

此法은 某事物을 其性質關係에 接近 又는 包含한 事物로 代
用하야써 其本體 又는 全部를 形言하는 者ㅣ니 此法을 用하면
語의 直接現露를 者를 避하고 隱然히 說示함을 得하며 且 讀者
로 하야곰 簡單한 文句에 廣博히 事物을 聯想하야써 本文의 意
를 擧要케 하는 便益이 有하니라

（例）以 供「薪水」（「活生品」의 代用）之養

人 非「堯舜」（「聖人」의 代用）執能無過

吾兄은 實로 現代의「蘇張」（「雄辯家」의 代用）이라.

挾「泰山」（「極高大한 山」의 代用）以 超「北海」（「極廣大한 海」의 代用）

「사ー베르」（劒）（「軍人」의 代解）風氣

「春秋」（「年齡」의 代用）鼎盛

「墨客」（「書畵師」의 代用）의 趣味

容姿

時計가 딍々 친다

風蕭々兮

伐木丁々

微雨瀟々

其容姿를 寫한 者는

(例) 쪼작々々 거러간다

흔들々々 바람가지로다

쓸々한 가을日氣

巍々泰山

夏木亭々落々兮

春雨霏々

兩岸山容은 寂寞然茫々然한되 只是桃花流水杳然去而已로다

山頂山腹에 白雲의 衣冠이야 즉 解脫치못ᄒᆞ야 仙人은 洞天에 歸去ᄒᆞ엿더라

바ㅣ無ᄒᆞ도다

錬習

錬習

擬人法을 應用ᄒᆞ야 左의 三題를 作ᄒᆞ라

[1] 歷史의 吾人에 與ᄒᆞ는 感化力

[2] 慶州瞻星臺懷古

[3] 梅柳爭春

　(四)　寫聲法

此法은 事物의 聲響과 容姿를 實地로 寫出ᄒᆞ야 讀者로 宛然히 實際에 見聞接觸ᄒᆞ는 듯ᄒᆞ게ᄒᆞᄂᆞᆫ 者ㅣ니

其聲響을 寫ᄂᆞᆫ 者ᄂᆞᆫ

(例)물이쳐렁ᄉᆞᄉᆞᄒᆞ른다

此法은動植鑛物類를人類와同視ᄒᆞ며又는無形을有形으

로認定ᄒᆞ고此에生氣活動을附與ᄒᆞ야形言ᄒᆞ는者ㅣ니此法

을適用ᄒᆞ야事物을描出ᄒᆞ면讀者로ᄒᆞ여곰眼前髣髴케ᄒᆞ야

趣味와勢力을增ᄒᆞ고文章을活躍케ᄒᆞᄂᆞ니라然이나此法은

必與이深ᄒᆞ處와情이激ᄒᆞ時에用ᄒᆞᆯ지오濫用을戒ᄒᆞ며且特

別ᄒᆞ境遇가아니면可及的簡單ᄒᆞ者를取ᄒᆞᄂᆞ니若過長ᄒᆞ면

ᄯᅩᄒᆞ厭惡의嫌이有ᄒᆞ니라

(例)鳥歌花笑

明月八戶尋幽人

瀟湘江水는至今엣嗚咽寒聲으로娥皇女英을追吊ᄒᆞᄂᆞ도

다

世間公道눈오작白髮이라賞人頭上에도일즉勢를爲ᄒᆞ

야假借치아니ᄒᆞ며賤夫鬢邊에도ᄯᅩᄒᆞ慢侮ᄒᆞ야妄侵ᄒᆞᄂᆞ

〔三〕論說說明文·科學的解釋文等正確을爲主하는文章에는
此를避힐事

〔四〕其材料와方法은意外不合理로過大히誇張치아니힐事

．．．．．의句
．．．．．의句
鍊習

┌─────┐
│鍊習│
└─────┘

一、左文中에誇張法된文句를指摘하라

〔1〕나무칼로귀를비여가도、모르고、안져먹을잣죽맛이라。

〔2〕今西州之民、劃地爲獄期不入刻木爲吏期不對甚矣苛政之毒也。

二、左의題에就하야誇張法의應用으로短篇을作하라

〔1〕怠者說

〔2〕海州水害記

〔3〕嶺東暴風記

〔三〕擬人法

髮의 長大홈을 腦裏에 深入케ㅎㄴ者ㅣ니라

(例)怒髮이 衝天ㅎ고 目眦盡裂이라

壯士喊聲에 天地가 震動이라

積尸成山ㅎ고 流血成川이라

비록 頭上에 泰山이 무너지고 眼前에 雷霆霹靂이쩌러질지

라도 니몸은 삿닥아니ㅎ리라

自君之出矣로 一日이 三秋라 早已白髮이 相催ㅎㄴ도다

然이ㄴ 此法은 若濫用ㅎ면 誇張에 反히 平凡되야 文의 眞價와

信用을 失ㅎ고 滑稽的 嘲弄에 終홀지라 故로 左의 傑件을 注意

홀지니라

〔一〕眞情이 動ㅎㄴ 時에 限ㅎ야 用홀지오 頻繁히 用키 不可홈

事

〔二〕普通으로 他人이 誇張인 事를 難解ㅎ 者ㄴ 不用홀 事

意의 統一을 破호는 者ㅣ라 文脉이 錯亂호고 文章이 曖昧無意
에 陷홀 虞가 有호니라

錬習
…쇠
잔흔눈

【練習】

[1] 次의 文句中 空處에 適當호 比詞를 挿入호라

「梅花떠러진곳은 宛然히 ……… 과갓도다」

[2] 書生의 讀書를 本義로 農夫의 耕田을 比詞로 호야 複比喩
로써「修人事待天命」의 要를 說호라

(二) 誇張法

誇張의意
義及效能

此는 讀者의 感情을 強大過激히 動得호기 爲호야 事物을 實
際보다 誇大히 形言호는 方法이니 卽 針小棒大로 事物을 說호
야써 文의 雄健을 助호는 者ㅣ라 假令「火焰이 焦天이라」「白髮이
三千丈이라」홈은 實際에는 到底히 此等 事ㅣ有키 不能호되 能
히 文力을 强히호야 讀者로 호야곰 如何히 火焰의 激烈홈과 毛

複比喩

喻호야 一箇의 比喩로 一文章을 成호 者ㅣ니 前述호 바 直比
喻의 〔一〕〔二〕〔三〕〔四〕〔五〕 及 隱比喩例의 〔一〕〔二〕〔三〕〔四〕 等이오

複比喩는 本義에 對호 比詞가 稍히 複雜호야 一文章內에 一
比喩가 有호고 此를 基礎로 호야 連續히 複比喩호 者ㅣ니 換言
호면 一比喩의 文章內에 多數比喩가 包括된 者ㅣ라 前述호
直比喩例의 〔六〕 及 隱比喩例의 〔五〕가 是니라

各比喩의 效能

要컨딕 隱比喩는 直比喩보다 想像의 餘地가 多호야 人을 動
케 호는 力이 勝호며 複比喩는 單比喩보다 意思의 排包가 複雜
호야 想像을 起케 호는 力이 優強호니 此兩者는 使用上 注意를
要호느니 材料는 極히 妥當호 者를 擇호고 且 某件의 比喩

比喩의 使用注意

를 用호다가 同一호 文章에서 本義를 忽變홈과 如홈은 深戒
홀지니 特히 複比喩를 用호는 境遇에 本義와 比詞가 互相 連絡
되다가 中途에 其一方에 連絡되지 못호는 意味로 轉換홈은 文

隱比喩

　隱比喩는 比詞를 語句內에 隱入호야 別로히 說明語를 不付호는 者이니 例如「落花如雨下」라 호면 直比喩로딕「落花雨下」라 호면 其文句中에 暗히 落花가 雨와 如히 下호다호는 比喩를 包含호엿느니 故로 此를 隱比喩라 호느니라

（例）
一 玉(比)顏(本)、柳(比)腰(主)、櫻(比)唇(主)、蛾(比)眉(主)。
二 恨(本)海(比)、情(主)波(比)。
三 水魚(比)의 交(主)、葛藤(比)의 怨(主)。
四 梅(主)綻玉(比)、柳(主)舒金(比)。
五 積小成大(本)는 彼塵合泰山됨(比)을 思호라 今日에 能히 微塵(比二)의 財(本二)를 貯홈이아니면他日에엇지泰山의 巨(比三)富(本三)를 致홈을 可得홀바ー리오
○免(本五)홀지니라

單比喩

　單比喩는 其主義와 比詞가 共히 單純호야 一箇文句로써 比

와比詞를明白케ᄒᆞ는者ㅣ니

〔例〕一 明(本義)若觀火(比詞)顔(本)如玉(比

〔二〕其危(本)가比큰ᄃᆡ薪을負ᄒᆞ고火애向ᄒᆞᆷ(比)과如ᄒᆞ다

〔三〕其難(本)이殆히緣木求魚(比)와無異ᄒᆞ다

〔四〕人之一生(主)似朝露(比)耳

〔五〕中秋明月(主)은宛然히冷玉(比)淨鏡(比)과同ᄒᆞ도다

〔六〕比큰ᄃᆡ世界(主)는海(比)와如ᄒᆞ고人生(本)은漁船(比)과如ᄒᆞ

니漁船(比一)이無ᄒᆞ면暫時도運行치못ᄒᆞ지오人

生이熱力(本二)이無ᄒᆞ면寸步도進就치못ᄒᆞ지며且海애

航路(比三)가有ᄒᆞ고如히世界(本三)가有ᄒᆞ니人

生이若此世路를失(本四)ᄒᆞ면熱力이如何히強大ᄒᆞᄂᆞ脱

航의漁船(比四)과無異ᄒᆞ야竟乃潮流에漂泊ᄒᆞ며岩礁에

坐觸ᄒᆞ야其目的地를到達치못ᄒᆞᆯ(比五)과如ᄒᆞ危險을不

比喩의種別

直比喩

釋되는者等은至當이라云기不能하니此等은共히用치아니홈이可하니라

四、比詞는本義보다도一層强大意感情을起케得홈을要하느니　故로其材料는本義에適當한者로써一層人을感動케할力이有한者아님이不可하니라然이는高大에過하며卑小에失홀時는其効가亦無하니「隱德은耳의鳴홈과如하야自己가獨知홀뿐이요人이此를知하는者ㅣ絕無하야나라」홈은稍히高大失當혼嫌이有하며「白雪이皚皚然하야益을散홈과如하다」홈은또卑小失當혼者ㅣ라할지니라

比喩法은左의數種으로區別홈을得하느니라

一、直比喩。　二、隱比喩。　三、單比喩。　四、複比喩

直比喩는「若하다恰然히比컨딕와似하다와如하다와宛然히殆히와同하다와無異하다」等의說明語를用하야本義

기不可ᄒᆞ지니此ᄂᆞᆫ本義의明瞭를妨害ᄒᆞᆯ慮가有ᄒᆞᆫ故ㅣ라

二、比詞ᄂᆞᆫ本義와其種類ᄂᆞᆫ相異ᄒᆞ고도類似ᄒᆞᆫ點이有ᄒᆞᆫ者됨

을要ᄒᆞᄂᆞ니　例如「顔如玉」、「腰似柳」等은異種類로딘顔의玉

色꽈如히潔白ᄒᆞ며腰의柳枝와如히纖軟ᄒᆞᆫ類似ᄒᆞᆫ点이有ᄒᆞ

故로可ᄒᆞ되彼「月如星」、「猫似虎」ᄂᆞᆫ비록類似ᄒᆞᆫ点이有ᄒᆞᄂᆞᆫ種

類가同ᄒᆞ며「冰似炭」、「花如海」ᄂᆞᆫ비록異種類로딘類似ᄒᆞᆫ点이

無ᄒᆞ故로此等을比較ᄒᆞᆫ比喩의効가無ᄒᆞᆫ者이니라

三、比詞ᄂᆞᆫ斬新至當ᄒᆞᆫ者됨을要ᄒᆞᄂᆞ니　比詞의甚히陳腐ᄒᆞ

者ᄂᆞᆫ人을動기不足ᄒᆞ지라然則特히其文의引比法及材料

된事物이人의意表에出ᄒᆞ고도何人이든지其類似ᄒᆞᆫ点을

容易解得ᄒᆞᆯ者를擇ᄒᆞᆯ지니비록斬新을極ᄒᆞ엿스ᄂᆞᆫ讀者가

常識으로其引比의取意及類似点이何에在ᄒᆞᆷ을發見기難

ᄒᆞ突飛的比喩와又ᄂᆞᆫ其詞가該比喩以外에他意味로도解

比喩法

（十三）咏歎法。（十四）寓語法。（十五）反說法。（十六）懸詞法。

（一）比喩法

比喩ᄂᆞᆫ他의事物로써自己의述코져ᄒᆞᄂᆞᆫ事物에比引說喩ᄒᆞ야讀者로ᄒᆞ야곰感情을一層深大히ᄒᆞ야써文章의雄健을助ᄒᆞᄂᆞᆫ有力ᄒᆞᆫ方法이니蓋且文章이露骨치아니ᄒᆞ고婉曲히意義를表示ᄒᆞᄂᆞᆫ効가有ᄒᆞ야古來로最히多用ᄒᆞᆫ者ㅣ라蓋此法은專혀人의感情에訴ᄒᆞᄂᆞᆫ判斷力을動케ᄒᆞᄂᆞᆫ効도不無ᄒᆞ니故로修辭法의가장主要部分이니라

我의述코져ᄒᆞᄂᆞᆫ事物은此를本義又曰主詞라ᄒᆞ고此에比引ᄒᆞᄂᆞᆫ他事物은此를比詞라ᄒᆞᄂᆞ니此法을用ᄒᆞᆷ에는左의諸点을注意ᄒᆞᆯ지니라

比喩의條件

一、比詞ᄂᆞᆫ本義보다一層明瞭ᄒᆞᆯ者됨을要ᄒᆞᄂᆞ니一般히讀者에게不通ᄒᆞᆷ과如ᄒᆞᆫ比喩ᄂᆞᆫ其文이雖美ᄒᆞᆯ지라도此를用

無理라흐리요然이ᄂᆞᆫ是皆未來의幸福이라흠이라

〔2〕明晰을主흐야「苦盡甘來」의理를說흐라

第二、 雄健

文章은單히明晰흘뿐으로ᄂᆞᆫ思想을完全히他人에게傳기

不能흐니蓋作文에ᄂᆞᆫ意義가明흐고도또讀者의腦裏에深히

印象을與흠을要흐나니此ㅡ文章의雄健을要件으로흐ᄂᆞᆫ所

以라雄健흔文章은能히世人의注意을惹흐며感情을動케흐

ᄂᆞᆫ勢力이有흠으로가장多用흐며또有效흐ᄂᆞ니其要ᄂᆞᆫ務흐

야具體的事物을引援흐야明白簡潔흔文句로適當흔修飾法

을用흠에在흐나니라其方法에ᄂᆞᆫ左의數種이有흐니

（一）、比喩法。　（二）、誇張法。　（三）、擬人法。　（四）、寫聲法。

（五）、代用法。　（六）、警句法。　（七）、對句法。　（八）、引用法。

（九）、諷刺法。　（十）、重言法。　（十一）、設疑法。　（十二）、漸層法。

明晰의
要件

鍊習

明晰을
缺함

의深奧혼字句가無홈이니世에는往往히自己의獨知獨能

혼難字句를屈曲變幻ᄒᆞ며又는古文章의美文句만多數

히混合引用ᄒᆞ야畢竟自己의思想을表ᄒᆞ要旨가何處에在

혼지不知케ᄒᆞ되猶且博識文章이라自好ᄒᆞ는者ㅣ有ᄒᆞᄂ

此等은決丑文章의本旨를知ᄒᆞ는者ㅣ아니라故로

一、新體文에셔는可及的으로純漢文의長文句를勿用홀事

一、漢文에셔라도特別히出處의說明을附치아니ᄒᆞ면一般

히了解치못홀文句는可及的不用홀事

一、語尾를過度히屈曲變幻치말事

一、濫히外國語를挿用치말事

鍊習

左의文은明晰ᄒᆞ뇨

[1] 今에十年來過去事를回顧ᄒᆞ건디頓似石沉大海ᄒᆞ고水

流雲空이라某의一生이每每如是ᄒᆞ니엇지天을怨홈이

이니用文이비록精細홀지라도適切치못ㅎ면徒히冗長에

流ㅎ야反히明晰을缺홀慮가有ㅎ느니例如地球의外形을

說홈에「地球는兩極이稍히區平훈橢圓形이라」ㅎ면足ㅎ거

늘「地球는赤道部分이大히隆起ㅎ고南極及北極에向ㅎ스

로漸次其度를減ㅎ야兩極에서는稍平훈一個의橢圓形인

者ㅣ라」ㅎ면비록前文보다少히精細홀지라도適切훈方面

으로는寧히前文에不若ㅎ며且人의佳配를讚홈에「宛然是

一은鳶春風에楊花가復開ㅎ고一은廣陵夜燈에唐皇이

再來라天生之質이요難弄之儔로다」홈보다「道德文章에品

格이高潔ㅎ善男이며針繡才技에容姿가端美ㅎ淑女ㅣ라

正히配偶의佳를得ㅎ엿도다」홈이適切ㅎ니前者는稍히近

潤模糊훈憂가有훈所以니라

[三] 平易라홈은其語意와文字가平坦近易ㅎ야難澁又는出處

適切　　　　　　　　　　　　精細

〔2〕適切히書홀事

〔3〕平易히書홀事

〔一〕精細라홈은精詳細密하야自己思想을徹頭徹尾히書하야
更히遺漏難解又는誤謬훈点이無께홈을云홈이니例如

〔가〕今日은天氣가甚寒하다

〔나〕今日은天氣가暴寒하야庭臺에冰雪이充하고窓戸에霜
華를結하며室內에서도人의手足이俱凍하고市街에行
踪이殆絕하며寒暖計는正히零下五度를示하니盖近年
來初有의寒이러라

右는同一훈寒日을說하엿스되「나」느「가」에對하야精細홈을
可知홀지니라

〔2〕適切히書홀事

〔一〕適切이라홈은道理에合하고實地에遍近하야事物의要領
을得홈이요彼模糊錯雜又는迂潤虛妄의弊가無홈을云홈

〔二〕

一、明晰　二、雄健　三、流麗　가是ㅣ라

蓋此三者는如何혼文章에던지幷用호야無妨호느各其境

遇를隨호야有異호니假令辭로써理性에訴코즈홈을主홀時는

눈明晰혼文章을要호고感情에訴코즈홈을主홀時눈專혀雄健혼文

章를要호고嗜好에訴코즈홈을主홀時눈專혀流麗혼文章을

要홀지니此눈文章의三大要具ㅣ니라

第一、明晰

明晰이라홈은文章을理解케호눈要件이니卽文意을明白

히하야誤解가無홈을云홈이라盖思想을精確明瞭히描出호

야理解케易혼文章을得홈은作文의要가此에不外호다홀지

니此눈修辭法의最히重要혼者ㅣ니라

明晰을爲主호눈方法에左의條件이有호니

[1] 精細히畵홀事

修辭法의
三大要 其

修辭法의
定義와必
要

[1] 시는 울고, 뜻은 써러지고, 물은 공연히 흐른다.

[2] 勤勉治産人生之要務。

第二章　修辭法

文章은 吾人의 意思를 完全히 發表호면 足홀지라 然이느 同一
혼 思想을 發表호야 同一혼 事物을 寫호야도 其 方法 如何에 因
호야는 或은 善히 人으로 호야곰 了解케 호야 理性의 智識을 與
홈도 有호고 或은 大히 人의 情緒를 感動케 호야 喜怒哀懼를 任
意로 調節홈도 有호고 或은 人의 嗜好에 投호야 愉快娛樂에 洽
足케 홈도 有호며 又는 此와 一切 相反호야 思想은 비록 此를 右
와 如히 호고 조호느 其 文章은 意外의 結果를 成호야 虎를 畵호
야 狗와 如히 되는 事ㅣ 有호니 如何히 호면 其 方法이 思想을 完
全且 正確히 發表홀가 此를 硏究홈을 修辭法이라 稱호나니라

修辭法에 느 三方面이 有호나니

(3)	(2)	(1)
5 3 4	3 4 2	5 3 Ⅰ
은 은 는	은 은 는	는 은 음
述 目 主	述 目 主	述 目 主

一, 左의 數行은 文章을 成ᄒ뇨

[1] 아춤날쩌러지는곳에울고가는져기럭아

[2] 人이誰가天을敬愛치아니ᄒ리요만은敢히人을敬愛치

아니ᄒ너이는人이卽天인道理를不知ᄒ는故ㅣ니라

[3] 졀문죵은광쇠를치고늙은죵은염불을

二, 左에就ᄒ야 主語, 目的語, 述語及修飾語되는各部分을示ᄒ
라

[1] 느는¹普通學校에셔²國語³를처음⁴비왓⁵느이다

[2] 壬戌之秋七月旣望¹蘇子與客²泛舟遊³於赤壁之下⁴淸風徐
來⁶水波不興

[3] 朝에薪을賣ᄒ고²暮에君을讀ᄒ야셔³父母를慰安케ᄒ너

順明은⁴誠是孝養을器⁵ᄒ는童子로다

三, 左의言語를五種文으로化ᄒ라

四、學와셔此를時로習거면亦혼悅지不니혼乎。

五、비와셔이것을씩마다익기면또혼깃브지아니혼가。

今에右에對ᄒ야更論ᄒ면一、은漢文이오三、은新體文이오五

는諺文이며二、는漢字와諺字를交用ᄒ엿스되其「면」及「아」는格

外의助用이요原意成立에는無關ᄒ야비록此를拔去ᄒ여도

文의意義에無害ᄒ고獨立혼漢文을成ᄒᄂ故로此를또혼漢

文이라稱홀지오四、는諺字와漢字를交用ᄒ엿스되其漢字는

根本意를示ᄒ야諺字의思想을表ᄒᄂ參考用이요該文意의

成立에는殆히漢字의用을不成ᄒ고即漢字를諺字로代用홈

과同ᄒ니故로此를諺文이라稱홀지나然ᄒᄂ通俗으로는

此를區別ᄒ기爲ᄒ야二、는此를漢文懸吐文이라ᄒ고四、는諺

文傍註文又는言文一致體라ᄒᄂ니라

鍊習

ᄒ야可記치못ᄒ바ㅣ無ᄒ고可論치못ᄒ바ㅣ無ᄒ며且曲暢

旁通ᄒ야其細ᄂ은毛髮을可拆ᄒ며其大ᄂ은天地를可包ᄒ야文

章의至便至利ᄒ者로新體文이是라故로諸般實用에ᄂ은新

體文을多用ᄒ고儀式典傳에ᄂ은漢文을多用ᄒ고小說情報에ᄂ은

ᄂ은諺文을多用ᄒ느니是以로本書에ᄂ은新體文을爲主ᄒ고兼

로ᄒ야漢文諺文에共通되ᄂ은作文上方式規模等을述ᄒ야學者

로ᄒ야곰實用에適合케ᄒ과同時에諸般文章의大体를知得

케ᄒ을期ᄒ이라

以上說明ᄒ三種文에就ᄒ야世의通用ᄒᄂ은者를觀ᄒ건디

左의區別이有ᄒ니

一, 學而時習之不亦悅乎。

二, 學而時習之면不亦悅乎아。

三, 學ᄒ야此를時로習ᄒ면또ᄒ悅치아니ᄒ가。

에可히學得홀바ー아니오必久久苦心호며續續練習호야其

佳境妙界에達홈을期홀지니라

朝鮮現用
文章의性
質功用

朝鮮에現用호는朝鮮文章에는三種이有호니其一은漢文

一、漢文

이오其二는諺文이오其三은新體文卽諺字交用文이니今

에其性質功用을論홀진딕〔一〕簡勁雄健호야是非得失을一言

에判호며治亂興廢를數句에決호고或은古今을須臾에觀호

며四海를一瞬에撫호고天地를紙上에籠호며萬物을墨下에

寫호야紛紜浩蕩호며蹈躍峻拔의神에至호야는不得不漢文

二、諺文

에一指를首屈홀지오〔二〕高雅優美호야遍近히人情을叙호고

叮嚀히世態를說호며或은纏綿約約호며或은彬蔚幽閑호며

或은淸麗悲哀호며或은炳然爛漫호야讀者로호야곰一唱三

歎케호고聽者로호야곰俯仰徘徊케호야妙에至호야는諺文

三、新体文

의右에出홀者ー無호며〔三〕大小精粗를觸事應物에縱橫自在

作文法의
必要

이니라, 然이ᄂ 文章의 目的은 意思를 發表ᄒᄂ 必要를 達ᄒᆷ에

在ᄒ니 言語가 비록 珠를 聯ᄒ고 河를 懸ᄒ며 文字가 비록 香을

吐ᄒ고 彩를 放ᄒᆷ과 如ᄒ야 如何히 窮極詳麗ᄒ엿슬지라도 若

其 內容이 意思를 盡達치 못ᄒᆫ바ㅣ 有ᄒ진디 是ᄂ 文章의 文章

된 目的을 忘却ᄒᆫ者ㅣ라ᄒᆯ지라 抑人의 意思를 發表ᄒᄂ 方法

으로ᄂ 言語、文章、擧動의 三者가 有ᄒ其中에 文章은 普及과 永

續의 力을 有ᄒᆷ으로써 特히 主要ᄒ 地位를 占ᄒ엿ᄂᄂ니 今若 文

章으로써 其意思를 盡達치 못ᄒᄂ 又ᄂ 本意에 違背됨이 有

ᄒᆯ진디 終乃 文章의 資格을 失ᄒᆷ에 止ᄒᆯ섄이니 古人이 曰「辭ᄂ

達而己ㅣ라ᄒᆷ은 實로 此를 爲ᄒᆷ이라

然이ᄂ 文章으로써 能히 意思를 盡達ᄒ도록 此를 創作ᄒᆷ에

ᄂ 반다시 其方式規模의 硏究와 實例의 練習이 無ᄒᆷ이 不可ᄒ

니 作文法의 必要ᄂ 實로 此에 在ᄒᆷ이라 故로 能文의 術은 一旦

修飾語

「玩」은述語니此三者는文章의內容된言語의主要部分이라然이나主語는往往히省略홈을得ㅎㄴ니例如「月을玩ㅎ노라」와類며且目的語와述語는其位置를轉倒홈도得ㅎㄴ니即「余는玩ㅎ노라月을」과如홈이오又主語、目的語의中間에ㄴ述語의中間에ㄴ多少의名詞、形容詞、動詞等을添加ㅎ야語意를修飾홈을得ㅎㄴ니「余는東山(名)에上ㅎ야(動)一輪明(形)月을好(形)玩ㅎ노라」홈과如ㅎ者오又主語ㄴ目的語나述語의上에感歎詞ㄴ或은副詞를加홈도得ㅎㄴ니「快哉라(感)余는明月을玩ㅎ노라」「於是에(副)明月을玩ㅎ노라」의類니此等은皆主語、目的語、述語等을修飾ㅎ기爲ㅎ야用ㅎㄴ者인故로此를修飾語라稱ㅎㄴ니修飾語의有無는文章의成否에ㄴ何等의影響이無ㅎㄴ니其長短、加減適否는大히文章의面目에關係가有者인즉作文의修煉은此를善美히使用ㅎㄴ方法을研究코ㅈ홈

實用作文法

上篇　文章通論

第一章　總論

作文이라홈은人의思想感情을發表호기爲호야文章을創作홈을謂홈이오文章이라홈은言語가文字로써集合되야一完全호意義를現호는者를謂홈이니苟其集合호文字가完成호意義를成호면其長短如何에不關호고此를文章이라稱홈을可得홀지라例如「鳥가啼호다」云호者는雖短호言語의集合이라도其意義가完全호故로此를文章이라稱홀지느「鳥가啼호고花가落호며」라云호者는아즉完全호意義를成치못호故로文章이라稱치못홀지니라

文章에는三個의要素가有호니主語、目的語、述語가是너例如余는月을玩호노라호면其中에「余」는主語오「月」은目的語오

修正을 更加코즈홈이라

盖是書ㅣ엇지能히實用作文法된名分을盡홈을得홀바ㅣ리오

다맛初學者에게作文方法의一班을紹介홈을得ᄒ면著者의希望

도亦此에셔滿足홀지로다

明治四十四年辛亥仲冬

　　　　　於仁王山下玉蓮菴別館

　　　　　　　　著者識홈

舌 代

本書는 初學者를 爲하야 朝鮮語及漢文의 作法大要를 述한者ㅣ

니 其材料를 重히 實地應用에 適合한者를 取한故로 써 實用作文法

이라 命名함이라

從來 朝鮮語及漢文에셔는 作文의 事實이 有하ㄴ 作法上體製方

式의 硏究가 乏함으로 初學者로 하야 곰 苦勞를 費케하야 隨而實地

應用에 自由自在히 하지 못혼 不便을 生함은 識者의 同感되는바ㅣ

라 故로 本書는 重히 方法의 敎示及練習의 便에 用力하야 讀者學者

로 하야 곰 簡便히 作文의 能力을 得하기에 務함이라

叙述이 極히 淺近詳明함과 文例의 可及的 實用에 適合하고 最히

小心平易혼者를 編入함은 其意가 實로 初學者의 理解에 適合함을

爲함이오 若夫 内容의 稍히 整理되지 못함은 異日에 閒暇를 卜하야

一

實用作文法　目次

頃者에吾徒李君이此에所鑑이有ᄒ야素蘊을述ᄒ

야一書를編ᄒ니盖其意ㅣ初學者로ᄒ야곰斯道의初

程을了解ᄒ고簡便히文章의實用을達코ᄌᆞᆷ이요其

書ㅣ記述이明詳ᄒ고方法이簡易ᄒ야可以淺近이며

可以高尙을如意習得ᄒ기에最히適切ᄒ지라其將半

島文風의復興을從此可卜ᄒ을진뎌

今에剞劂이將成에囑余求序커늘余ㅣ其擧를壯히

ᄒ야所思를草ᄒ야君의雅意를酬코ᄌᆞᄒ노라

　辛亥季冬　　　剛菴李容稙　書

序

作文은 人生必修의 業이라 小則日常의 記錄과 隣里

의 通信이며 大則同情을 天下에 求ᄒ고 德教를 萬世에

遺ᄒ이 皆此作文의 力에 依치아님이 無ᄒᄂ니 故로 往

昔奎運이 隆盛에 文章의 作이 日興ᄒ야써 世道風化를

裨補ᄒ야 彬彬然可觀者ㅣ多ᄒ더니 降自科擧廢制以

來로 作者ㅣ寂無聞焉ᄒ야 遂至今日에 言語文字가有

ᄒᄂ 殆히 活用을 不成ᄒ과 如ᄒ며 且近時新學少年이

此를 學習코ᄌᄒᄂ 其方法의 如何를 末由求解ᄒ니 此

ㅣ엇지 恨事가아니리오

亦嘗度之金鍼、蒙求之津梁乎、工人、與人規矩、而不能
與其巧、射人與人彀率、而不能與其中、神而明之、存乎
其人、若夫驪黃牝牡之相、姑未暇論也、然夫子不云乎、
辭達而已矣、又曰修辭、達者、無法之謂也、而終不免於
有法、修者、有法之謂也、而終底於無法、苟學者、母遽於
躐高、母狃於小成、倘不河漢吾言。

辛亥季冬　　　玄玄居士朴泳孝　書

實用作文法序

文有法乎、待法而文、非文也、其果無法乎、舍法、終不能
文也、然漢文、斷不可泥法、朝鮮語、毫不可離法、譬猶著
圓而卦方也、今也則反是、三家冬烘先生、習漢文者、動
稱起有起法、結有結法、是印版已爾、習朝鮮語者、反切
倒錯於初終、清濁混雜於唇牙、顧謂易易耶、故世號搢
紳學者、口談王霸、目涉理化、而尋常作一赫蹏、操觚四
望、手重千斤、況於渺然初學乎、是不得不略開蹊徑、指
示襄城之迷也、今觀李君覺鍾、所爲實用作文法者、殆
有意於斯歟、斯爲初學者地、故易而易曉、該而不費、不

文藝俱樂部總裁　朴泳孝閣下序

經學院副提學　李容稙閣下序

玉蓮菴　李覺鍾編著

實用作文法

京城　唯一書館　發行